Les célèbres santons de Provence.

PROVENCE

par

Nicole DEMICHELI

Définie par MISTRAL comme "l'empire du soleil", un "empire de plaisance et d'allégresse", pays de la douceur de vivre de renommée mondiale, la PROVENCE parle et chante avec l'accent entre le Rhône, les Alpes et la Méditerranée. Cette terre faite de contrastes, de beautés et d'harmonie dévoile sa multiplicité à travers de grandes régions naturelles qu'unissent la langue (le provençal est un des grands dialectes de la langue d'oc) et le climat.

Atouts majeurs de la PROVENCE, une luminosité exceptionnelle et un climat privilégié. Le climat provençal est le climat du monde méditerranéen en général, climat à saisons contrastées, avec des étés précoces et arides, des hivers rigoureux mais souvent ensoleillés. Torrentielles au printemps et à l'automne, instables et brutales, les pluies tombent par orages, après lesquels le soleil reparaît, chaud et brillant.

Le climat est dominé par un courant du nord qui descend de la vallée du Rhône : le mistral, du provençal "mistrau" qui signifie "maître". Froid, sec et pénétrant, il souffle en brusques rafales et abaisse considérablement la température. Ce vent violent dégage le ciel qu'il purifie et rend plus bleu, et dessèche la terre dont il précise les reliefs. C'est du sommet du Mont Ventoux ou du haut du rocher des Baux qu'il faut découvrir la formidable puissance de ce roi des vents provençaux, personnifié dans le folklore sous le nom de Jan d'Arles. Pour protéger du mistral les cultures irriguées, des haies de cyprès et des claies de roseaux délimitent de petites parcelles allongées dans les régions maraîchères du Comtat et de la Crau, qui offrent ainsi un paysage typique.

La PROVENCE est française depuis le XVème siècle seulement, léguée par testament à LOUIS XI par CHARLES III du Maine et réunie à la FRANCE en 1481. Elle n'en a pas moins une longue histoire. Habitée depuis les temps préhistoriques, marquée par l'empreinte grecque, occupée à la veille de la colonisation romaine par les peuplades celto-ligures, la PROVENCE fait revivre dans son nom celui de la "Povincia", l'une des premières provinces de la Gaule méridionale, créées par les Romains à la fin du second siècle avant notre ère. Devenue, à partir d'AUGUSTE, la Narbonnaise, c'était la province romaine par excellence. A la chute de l'Empire Romain d'Occident, la PROVENCE fut envahie tour à tour, aux Vème et VIème siècles, par les Wisigoths, les Burgondes, les Ostrogoths et les Francs. Elle fut pacifiée et intégrée à l'empire carolingien au VIIIème siècle. A la mort de CHARLEMAGNE, le démembrement de l'empire franc provoqua la création d'un royaume indépendant qui devint en 934 le royaume Bourgogne-Provence, et fut rattaché, au XIème siècle, au Saint-Empire romain-germanique. Au siècle suivant, le comté et marquisat de PROVENCE passa aux mains des comtes de Toulouse, puis des comtes de Barcelone. En 1246, la fille de Raymond BERANGER V d'ARAGON épousa CHARLES Ier d'Anjou, frère de SAINT LOUIS, et lui apporta en dot la PROVENCE. Succédant au "bon Roi RENE" (1434-1480), qui fut le souverain le plus populaire de la PROVENCE, CHARLES III ne régna qu'une année et remit à sa mort la PROVENCE à la FRANCE dont elle partagea dès lors le destin.

La PROVENCE historique, comprise entre le Rhône inférieur, le bassin de la Durance et le Var, a vu ses frontières se modifier au cours des siècles, en particulier ses limites avec le Dauphiné, la Savoie et le Piémont. Divisée en trois départements au lendemain de la Révolution - Bouches-du-Rhône, Basses-Alpes (aujourd'hui Alpes-de-Haute-Provence) et Var - la PROVENCE perdit officiellement son nom. AVIGNON et le Comtat-Venaissin, anciens Etats-Pontificaux, réunis à la FRANCE en 1791, contribuèrent à former en 1793, avec la principauté d'Orange (annexée depuis 1713), le département de Vaucluse, auquel fut rattachée l'enclave de Valréas, isolée dans le département de la Drôme. En 1860, le retour à la FRANCE du Comté de Nice permit de constituer le département des Alpes-Maritimes. A ces cinq départements, l'espace régional "Provence- Alpes - Côte d'Azur", découpage administratif et politique mis en place depuis 1956 et rééélaboré en 1970, ajoute celui des Hautes-Alpes.

La géographie et l'histoire ont fait de la PROVENCE une terre d'accueil, de passage et de contacts en bordure de la Méditerranée. Depuis le milieu du XIXème siècle, elle est devenue la terre d'élection du tourisme, pour beaucoup, synonyme de vacances, de soleil et de ciel bleu. Cette image ne doit pas occulter l'extraordinaire richesse du patrimoine archéologique (la présence romaine s'y affirme avec force et splendeur), artistique, historique et architectural de la PROVENCE. Dans ce pays riche en sites remarquables, réserves et parcs naturels régionaux protègent certains espaces naturels de qualité exceptionnelle comme la Camargue, qui recèle une faune et une flore rare et fragile, en voie de disparition rapide, et qui représente un véritable paradis ornithologique, comme le littoral de la Côte Bleue (premier parc marin français), comme le Lubéron où de superbes boisements de cèdres introduits au XIXème siècle par les forestiers jouxtent les chênaies, et dont les châteaux et les villages perchés où, du XIVème au XVIème siècle, Vaudois et Catholiques se livrèrent à un combat sans merci, constituent aujourd'hui de magnifiques belvédères. A côté de grands équipements culturels, une multitude de petits musées donne matière à de longues et pasisonnantes découvertes. Avec les fêtes traditionnelles, culturelles ou religieuses qui rythment la vie provençale, festivals et concerts font partie de toutes les réjouissances de la période estivale. Quelle que soit la saison, quel que soit son visage, et il y en a beaucoup, le PROVENCE garde un charme indéfinissable et se distingue par une heureuse variété de beautés naturelles et monumentales qui lui font une physionomie tout à fait originale et très séduisante. Sans oublier les marchés de PROVENCE, qui sont une fête pour tous les sens.

Les villes et sites décrits dans cet ouvrage feront découvrir la PROVENCE occidentale et rhodanienne, avec des incursions en territoire languedocien. Rive gauche, rive droite, le parcours oscillera entre les départements de Vaucluse, des Bouches-du-Rhône et du Gard (partie extrême orientale).

VAISON- la- ROMAINE

Quartier de la Villasse : Maison au buste d'Argent.

→
Double page suivante : *vue générale du quartier de la Villasse.*

Telle ROME, dans un cadre de sept collines verdoyantes, VAISON occupe dans la vallée moyenne de l'Ouvèze, sur les bords de cet affluent du Rhône, le site très ancien d'un oppidum néolithique. Capitale méridionale des Voconces (peuplade celto-ligure), elle devint, à la fin du second siècle avant notre ère, la Vasio Vocontiorum des Romains, une ville importante de la Narbonnaise, une cité fédérée (alliée du peuple romain), opulente et prospère durant la Paix romaine. ce sont les invasions barbares des Vème et VIème siècles qui mettront fin à son expansion.

13 hectares de son passé romain lui ont été restitués, au sein de la ville moderne qui s'est développée depuis le XVIIIème siècle sur son emplacement (rive droite de l'Ouvèze). Ce chiffre, qui semble considérable, ne représente qu'un cinquième de la ville antique. C'est toutefois la plus grande surface archéologique ouverte de France, et pour VAISON, le principal attrait touristique (avec le festival).

Les fouilles dirigées par l'abbé SAUTEL de 1907 à sa mort (1955), reprises de nos jours, ont exhumé des quartiers entiers de VAISON antique.

Au sud-ouest, les fouilles de la VILLASSE ont mis au jour un quartier résidentiel. La Rue Centrale en pente, axée nord-sud, est équipée de dalles de pierres et de trottoirs. A un niveau in-

La rue Centrale et la rue des Boutiques.

Maison au buste d'Argent : les appartements.

3

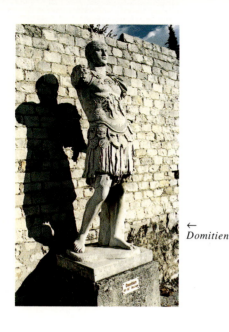

← *Domitien*

→
*Statue du
vestibule dallé
de la maison
du Buste en Argent.*

férieur, la Rue des Boutiques était réservée aux piétons. On remarquera les seuils à rainures destinés à recevoir le support d'un étal. De la galerie, jadis couverte, il reste quelques éléments de la colonnade. Tout à côté, de somptueuses maisons organisées selon le principe de l'axialité et entourées d'espaces verts : la Maison au Buste d'argent et sa voisine, la Maison au Dauphin, occupent près de 3 000 m2 au sol. La première est pourvue d'un grand vestibule carré, dallé, avec au centre la statue d'un personnage en toge, et d'un atrium entouré d'une galerie de douze colonnes à chapiteaux toscans autour duquel s'ordonnent les appartements privés ; dans le grand salon est présenté le moulage de la statue cuirassée de DOMITIEN. A l'est des villas, de l'autre côté de la rue, la "Basilique" serait, d'après les archéologues, une salle des grands Thermes du centre qui lui font suite.

Le versant sud de la colline de PUYMIN fait découvrir successivement : à l'ouest, la Maison des Messii, importante villa d'une riche famille de la cité ; au centre, le Portique de Pompée, vaste édifice public dont les galeries, à l'origine couvertes, ouvraient sur un jardin orné d'un grand bassin, et dont les trois exèdres semi-circulaires du mur nord, long de 52m et entièrement dégagé, abritent les reproductions des statues de l'emprereur HADRIEN (dans sa nudité héroïque), de son épouse SABINE (drapée) et du DIADUMENE, copie romaine d'une œuvre de POLYCLETTE, exposée au British Museum de LONDRES ; à l'est, une série d'échoppes et de locaux modestes dits "Maisons de rapport" ;

accolées au nord, les constructions du Nymphée qui était le château d'eau.

Sur le versant est de PUYMIN se trouve le quartier des boutiques, Sur le versant ouest, le Prétoire et ses dépendances : en fait, les vestiges d'une grande villa avec ses fresques et des latrines.

Appuyé sur le flanc nord, le Théâtre, de 96 m de diamètre pour 25 m de hauteur, date du Ier siècle et pouvait contenir 8 000 spectateurs. Creusées dans le safre de PUYMIN, comme la scène et les gradins, les douze trappes du rideau et les fosses de la machinerie sont encore visibles et ont livré un des ensembles les plus importants en FRANCE d'effigies impériales romaines (les stautes en marbre de CLAUDE, DOMITIEN, HADRIEN et SABINE sont conservées au Musée archéologique). Restauré dans les années 20 - le portique de sa colonnade supérieure a été en partie rétabli -, il accueille, depuis 1953, tous les trois ans, les Choralies (rencontres internationales de chant).

L'ampleur des vestiges antiques ne doit pas faire oublier les édifices de la ville chrétienne (évêché attesté au IVème siècle) : la cathédrale Notre-Dame de Nazareth, paléochrétienne et romane, et la chapelle Saint-Quentin, très beau sanctuaire rural du XIIème siècle avec abside triangulaire (rare). Par un pont romain, gagner ensuite la ville médiévale qui étage ses rues tortueuses à l'extrémité d'une butte rocheuse que dominent les ruines du château des Comtes de Toulouse.

Portique de Pompée.

Le théâtre romain.

QUARTIER
DE
PUYMIN.

Sabine

Diadumène.

Hadrien.

7

Vue générale du site de SEGURET.

GIGONDAS et son vignoble.

SEGURET

Situé au sud de VAISON, dans la riche vallée de l'Ouvèze, en contrebas d'une colline dont il enlace la rondeur calcaire, SEGURET est un très beau village, typiquement provençal.

De la plaine vinicole, on jouit d'un point de vue inégalable sur l'ensemble du village fortifié, avec son étagement de hautes façades ocrées aux toits de tuiles roses. Tout en haut des pentes boisées de chênes et de pins se dressent les ruines de son château-fort.

Bien à l'abri de sa muraille, le village s'ordonne autour de trois rues parallèles. Deux portes fortifiées le défendaient, au nord et au sud. Lieu de rencontre des habitants, la rue des Poternes est la plus intéressante, avec son lavoir et, à ses abords, la fontaine des Mascarons, du XVIIème siècle. Un parcours fléché fait découvrir, à travers les passages couverts et les rues caladées, la sobre beauté des portes, le beffroi du XIVème siècle surmonté d'un campanile en fer forgé et l'église romane Saint-Denis, du XIIème siècle.

La chapelle Sainte-Thècle, du XVIIIème siècle, est tous les ans le centre d'expositions consacrées à la vie quotidienne du Comtat. Temps fort de la vie séguétaine, le festival provençal a lieu le troisième dimanche d'août : jeux et défilés accompagnent la fête vigneronne de Saint-Vincent et la procession à Notre-Dame des Grâces. enfin ce bastion de la vie traditionnelle perpétue, à Noël, la messe de minuit avec célébration du mystère de la Nativité : crèche vivante avec offrande de l'agneau et des fruits par les bergers et les bergères précédés d'anges et de tambourinaïres, villageois vêtus en costume comtadin.

A peu de distance, sur la route qui mène à GIGONDAS, SABLET ne manque pas non plus d'intérêt. Enclos dans une enceinte circulaire dont il épouse les contours, mais dépourvu de château, cet autre vrai village de PROVENCE a grandi autour de son église (XIIème/XIVème siècle) au milieu des vignobles.

GIGONDAS

Nourri de la vigne, accroché à flanc de coteau, le village, couronné par les vestiges de son appareil défensif, possède une belle église romane, avec clocher-arcade à deux baies, et conserve d'importantes portions de ses remparts médiévaux.

Le terroir viticole de GIGONDAS, au pied des DENTELLES de MONTMIRAIL, s'étend sur 1 200 ha. Planté et exploité depuis deux millénaires, il produit un cru de grande qualité, l'un des meilleurs du Comtat-Venaissin, capable de concurrencer le célèbre CHATEAUNEUF-du-PAPE, du nom de cette ancienne résidence pontificale située dans la vallée du Rhône, entre ORANGE et AVIGNON.

Vin sombre d'un rouge profond, issu de grenache, chaud et bien charpenté, ou rosé capiteux, le GIGONDAS titre 13 à 14 degrés et a obtenu sa consécration en 1971 avec l'appellation d'origine contrôlée. Les amateurs de bons vins pourront le déguster dans les très nombreux caveaux environnants.

Les Dentelles de MONTMIRAIL.

DENTELLES de MONTMIRAIL

Bordé à l'est par le Mont VENTOUX dont il constitue le prolongement géologique vers le Rhône, le massif, peu élevé (734 m au Mont Saint-Amand), étire ses crêtes calcaires sur environ quinze kilomètres, de MONTMIRAIL à MALAUCENE.

Comme leur nom l'évoque, les DENTELLES sont des arêtes calcaires que les caprices de l'érosion ont découpées en dents de scie. Par endroits, le calcaire blanc se termine en aiguilles ruiniformes, caractéristiques du paysage. Elles surplombent les coteaux de vigne de la plaine comtadine et les collines couvertes de bois où dominent chênes verts et chênes blancs, pins d'Alep et pins sylvestres, plantes aromatiques et genêts particulièrement abondants.

Le massif est sillonné de sentiers balisés, points de départ pour de multiples promenades et randonnées pédestres. Depuis quelques années une active école d'escalade attire de plus en plus nombreux amateurs de varappe. L'approche par la route qui le traverse est saisissante. Le circuit permet de visiter l'ancienne station thermale de MONTMIRAIL, les vignobles réputés de VACQUEYRAS qu'il longe jusqu'à la chapelle romane Notre-Dame d'Aubune, et, sur les premiers contreforts des DENTELLES, BEAUMES-de-VENISE, renommé par son raisin muscat. A partir de LAFARE, vers l'est, une route tortueuse conduit aux villages perchés de LA ROQUE-ALRIC et du BARROUX, au sommet duquel veille la silhouette massive d'un château Renaissance restauré ; vers le nord, en direction de SUZETTE et des à-pics rocheux du cirque de SAINT-AMAND, on aboutit à la petite ville de MALOUCENE dont les fontaines et les lavoirs, les maisons des XVIème, XVIIème et XVIIIème siècles, la Tour de l'Horloge, l'église Saint-Michel-et-Saint-Pierre et l'ancien quartier juif au nord, valent qu'on s'y arrête.

Le théâtre antique.

→
*L'Arc de Triomphe :
la façade sud.*

ORANGE

C'est sur la rive gauche du Rhône, à 5 kilomètres à l'est du fleuve, au cœur d'une plaine fertile, que s'est développée ORANGE. D'abord ville des Cavares puis colonie romaine florissante, elle fut érigée en Principauté au XIIème siècle avant de devenir possession hollandaise de la puissante famille des NASSAU en 1530 et place-forte protestante. Définitivement rattachée à la Couronne de France en 1713 par le Traité d'Utrecht, cette ville du Comtat Venaissin est intégrée au département de Vaucluse depuis 1791.

Pôle d'attraction par ses fêtes, ses foires et son marché, survivances du Moyen Age, ORANGE, doit surtout sa célébrité à deux témoins insignes de son brillant passé romain.

L'Arc Municipal fut construit à la fin du Ier siècle av. J.-C. sur le passage de la "Via Agrippa" (reliant ARLES à LYON), un peu en avant de l'enceinte qui entourait la cité romaine en signe de puissance et de prestige. Edifié pour commémorer la fondation de la colonie et les victoires des anciens soldats de la IIème Légion gallique, il fut dédié à l'empereur TIBERE vers 25 de notre ère. Le XIXème siècle l'a dégagé des ouvrages de défense établis par RAYMOND des BAUX au XIIIème siècle, puis restauré.

L'arc comporte trois ouvertures en plein cintre, non homogènes et voûtées en caissons. Il est l'un des plus anciens de ce type. Fait exceptionnel, il est surmonté de deux attiques successifs. Quatre colonnes corinthiennes, cannelées et engagées, le décorent sur chacune de ses faces. Son abondant décor sculpté, aux contours cernés, est remarquable : reliefs ornementaux (fleurs, fruits, rosaces), trophées d'armes, dépouilles navales, instruments de sacrifice, captifs enchaînés, font allusion aux guerres contre les Gaulois et à la bataille remportée par CESAR sur la flotte marseillaise en 49 av. J.C.

A l'autre bout de la ville, accoudé à la colline Saint-Eutrope, le Théâtre, daté de l'époque augustéenne, est l'un des mieux conservés du monde antique, avec un mur de scène intact de 103 m de long sur 36 m de haut. Celui-ci présente à l'extérieur, comme unique décor, des arcatures aveugles. A l'intérieur, il était orné de colonnes de marbre superposées dont il reste des vestiges ; au-dessus de la Porte Royale, une grande niche abrite la statue colossale d'AUGUSTE, cuirassé et saluant la foule. Depuis 1869, cette merveille d'acoustique offre chaque année, en juillet, ses trois séries concentriques de gradins (10 000 places) à un public passionné et fidèle venu assister à des représentations de réputation internationale. Les Nouvelles Chorégies font d'ORANGE, durant la période estivale, un lieu privilégié du tourisme et un haut lieu de l'art lyrique : au programme, les opéras de WAGNER et de VERDI et des concerts avec les plus grands interprètes.

UZES

Une rue pittoresque.

UZES émerge en sentinelle, bâtie sur un plateau rocheux dominant la vallée de l'Alzon. La ville a connu une histoire agitée. Cité épiscopale et seigneurie des Comtes de Toulouse, elle fut réunie au Royaume de France en 1229, mais demeura possession indivise du roi, de l'évêque et du seigneur. Cette riche cité médiévale devint, au XVIème siècle, cinquième ville du parti protestant dans le Royaume et fut très durement éprouvée par les guerres de religion. Erigée Premier Duché de France par CHARLES IX en 1565, la ville ne reprendra son essor qu'au XVIIème siècle. Au siècle suivant, grâce notamment à l'industrie de la soie, UZES connut une grande prospérité et fut embellie.

De nos jours, des boulevards circulaires remplacent les remparts, pourtant la ville garde une atmosphère médiévale et l'empreinte du XVIIIème siècle. Il faut s'y promener à pied pour découvrir cet ensemble exceptionnel de monuments, soigneusement préservé et restauré, qui lui a valu le statut de "Ville d'Art".

Rue de l'Evêché, la Tour Fenestrelle est un spécimen unique en France de clocher rond. Cet ancien campanile de la cathédrale romane, détruite durant les guerres religieuses, étire ses six étages circulaires de fenêtres géminées, en retraits successifs, sur 42m de hauteur.

Juste à côté s'élève la cathédrale Saint-Théodorit, reconstruite entre 1644 et 1663 ; la façade, dans son état actuel, date de 1871. Du mobilier, dispersé sous la Révolution, il reste un beau lutrin orné d'un aigle aux ailes déployées. Les sacristies sont encore revêtues de leurs boiseries en noyer du XVIIIème siècle. Pièce maîtresse, l'orgue Louis XV, au buffet richement sculpté, avec volets peints, est remarquable par la perfection de son mécanisme et la multiplicité de ses jeux, que l'on peut apprécier chaque été lors des concerts donnés dans le cadre des Nuits d'UZES.

Sur la droite, la Promenade Jean Racine présente un petit pavillon du même nom, en souvenir du séjour que RACINE fit à UZES en 1661.

Attenant à la cathédrale, l'ancien Palais Episcopal est un édifice du XVIIème siècle. Propriété de la Ville, il est actuellement occupé par

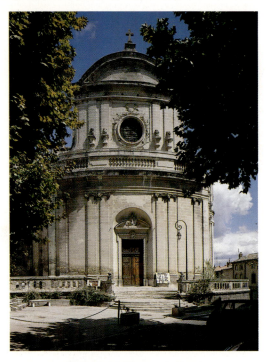

Eglise Saint-Etienne : la façade curviligne du XVIIIème siècle.

Le Duché : tour de la Vicomté - XIVème siècle.

→
Place aux Herbes : une maison à arcades.

le tribunal et par le Musée des Arts et Traditions de l'Uzège.

Berceau de la famille de CRUSSOL d'UZES, le Duché se compose de constructions de différentes époques édifiées sur l'emplacement d'un castrum romain. Dans la cour d'honneur, la façade superpose les trois ordres antiques ; ce bel exemple d'architecture Renaissance en PROVENCE est attribué à Philibert DELORME. Située à l'une des extrémités de la façade, la chapelle gothique du XVème siècle est recouverte d'une toiture en tuiles vernissées figurant les armoiries de la maison d'UZES. Un escalier d'honneur Renaissance, voûté en caissons et à pointes de diamant, mène à la Tour Bermonde, vestige du château féodal. Cette grande tour carrée date du XIème siècle, à l'exception des lanternons et des balustrades de la partie supérieure, refaite en 1839. De la terrasse, la vue sur la ville et la garrigue environnante est sublime et fait oublier les 148 marches qu'il a fallu gravir.

De là, par l'étroite Rue de la Pélisserie, on accède à l'ancienne Place aux Herbes, qui devait son nom aux légumes ("herba") qui y étaient vendus ; depuis la Révolution, elle s'appelle Place de la République. Jadis lieu des réjouissances populaires (et des exécutions publiques), cette très belle place, bordée de maisons à arcades et entourée de platanes, est aujourd'hui encore le cœur animé de la cité : tous les samedis s'y tient le marché et, chaque année, en juillet, s'y déroulent des concerts de jazz, de musique sacrée ou classique.

Un peu plus loin, sur le boulevard Victor Hugo, se trouve l'église Saint-Etienne, dont la première pierre fut posée en 1767 par le soixante-troisième et avant-dernier évêque d'UZES. La façade curviligne à deux étages surmontés d'un fronton arrondi, décorée de pilastres et de pots à feu, en est l'élément le plus remarquable. Une tour carrée du XIIIème siècle flanque l'église sur le côté gauche.

Il ne faut pas manquer alors de faire un crochet jusqu'à la Rue du 4 septembre : l'immeuble du n°8 est un des plus vieux logis de la cité. Il fut transformé en moulin à huile au début du XVIIIème siècle.

Enfin, une mention spéciale doit être faite des Rues Saint-Etienne, de la République, Jacques d'Uzès, Rafin, Paul-Foussat et du Portalet qui possèdent un bel ensemble de riches et élégantes demeures des XVIème au XVIIIème siècles : plus d'une centaine d'hôtels particuliers ont été recensés à UZES et constituent l'autre parure de la ville.

PONT du GARD

Tronçon d'aqueduc, le PONT du GARD est un magnifique ouvrage d'art romain qui nous est parvenu dans un exceptionnel état de conservation.

Construit vers l'an 19 av. J.-C. pour capter l'eau pure des sources de l'Eure et de l'Airan qui coulait toujours en abondance dans le Vallon d'UZES, l'aqueduc, long de 50 kilomètres, alimentait le château d'eau de NIMES des ses 20 000 mètres cubes quotidiens. Utilisé jusqu'au Vème siècle puis mis hors d'usage par les incursions des Barbares et par le manque d'entretien, il finit par servir de carrière pour les constructions locales.

De cette réalisation subsiste le pont, qui allie virtuosité technique et beauté. Il soutient la canalisation à l'endroit où elle franchit la vallée du Gardon. D'une hauteur de 49 m, il comprend trois rangées d'arcades en retrait les unes des autres et possède la particularité d'être légèrement convexe. Sa largeur varie entre 3 et 6 m et sa plus grande longueur est de 275 m à l'étage supérieur. Il doit sa légèreté au fait que les arcs diminuent progressivement au fur et à mesure qu'ils se rapprochent des deux rives, l'arc qui traverse le Gardon étant le plus large (24,52 m).

On observera qu'il est entièrement construit en pierres de taille posées à sec, extraites de la carrière de VERS située à quelques centaines de mètres en amont. Certains blocs peuvent peser jusqu'à 6 tonnes et faire toute la largeur de la pile. ses arcs sont conçus selon le principe de la voûte en berceau, de tradition romaine ; fait notable, ils sont indépendants. Les blocs de pierre laissés en saillie confèrent au pont diversité et rythme. Ils servaient à fixer les coffrages, en bois, des voûtes. Les arcades qui reposent sur le lit du Gardon, longues de 142 m, sont munies d'arcs-boutants triangulaires qui correspondent au niveau de crue maximal des eaux de la rivière. Sa conduite d'eau, maçonnée, en partie recouverte de grosses dalles carrées, repose sur le troisème étage.

Au fil des siècles, le pont subit quelques dégradations. Si en 1430 CHARLES VII y fit effectuer des réparations, il n'avait plus été entretenu depuis la fin de la conquête romaine, mais il était resté constamment emprunté. Ainsi, au Moyen-Age, il fallait acquitter un droit de péage pour passer d'une rive à l'autre au niveau de la seconde arcade. Au milieu du XVIIIème siècle, un pont fut accolé à la première arcade pour faciliter le passage. Enfin, sous l'impulsion de Prosper MERIMEE, Inspecteur Général des Monuments Historiques, on entreprit de le restaurer ; à la fin de 1857, la restauration était complètement achevée.

Avec la patine du temps, ses pierres ont pris une belle coloration dorée. Des sentiers aménagés sur les bords du Gardon permettent de l'admirer sous tous les angles. Ce qui n'empêchera pas de le parcourir à l'intérieur même du canal conducteur de 1,85 m de haut pour 1,20 m de large (à certains endroits rétréci par les couches de calcaire qui s'y sont accumulées), ou bien sur les dalles du troisième étage sur lesquelles on pourra voir les insignes des Compagnons du Devoir qui ont participé à sa restauration de 1840 à 1855, ou encore tout simplement au niveau du second étage, dont les arcades recèlent de nombreuses inscriptions en latin, et d'où l'on domine assez bien la vallée.

GORGES du GARDON

Le site grandiose et sauvage des profondes GORGES du GARDON s'étend dur plus de 20 kilomètres entre UZES et NIMES.

Venant d'UZES, la route court le long de ces gorges sinueuses et pittoresques, aux parois escarpées, creusées par le Gardon dans le sol calcaire des Garrigues. A partir de POULX, une route, tout en lacets, conduit au fond des gorges d'où l'on aperçoit l'entrée de la GROTTE de la BAUME, dans la falaise sur l'autre rive. Auparavant, on aura franchi le Pont Saint-Nicolas, sept arches jetées sur le Gardon par la Confrérie des Frères Pontifes au XIIIème siècle.

Le PONT du GARD en est aussi une porte d'accès. A la suite des vergers et des vignes de la vallée de l'Alzon, le site offre de nombreuses grottes préhistoriques ornées de peintures pariétales, telle la GROTTE de la PAQUES, proche de COLLIAS.

Aux gorges succèdent les garrigues, desséchées mais parfumées, où poussent sous un manteau buissonneux de cistes, de chênes kermès et de genêts, toutes les herbes de Provence.

←
Double page précédente : *vue générale du PONT du GARD.*

→
Les GORGES du GARDON depuis le Pont du Gard.

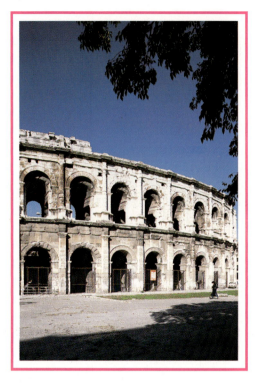

Les arènes.

←
Double page précédente : *les GORGES du GARDON.*

Réputée pour sa célèbre arène, sanctuaire de la tauromachie française, NIMES l'est aussi pour sa fameuse brandade et pour sa serge, d'une extrême solidité, à l'origine du blue-jeans. La ville offre ses 120 ha de parcs et de jardins, et ses rues piétonnes, à l'agrément des touristes venus de toutes les parties d'Europe et du monde, pour visiter celle qui a été surnommée, en raison de l'importance de ses monuments romains, le "ROME française".

Sous la domination romaine, l'ancienne capitale des Volques Arécomiques, devenue la Colonia Augusta Nemausensis, était une ville considérable, au carrefour d'un nœud de routes vers l'Espagne, vers le centre de la France ou vers l'Italie. Après, les invasions barbares, puis sarrazines, la croisade albigeoise, les guerres de Religion, les Camisards et la Terreur Blanche sont autant de jalons qui ont marqué son histoire, du Vème au XIXème siècle. La ville connut un épisode particulièrement sanglant le jour de la Saint-Michel 1567, où protestants et catholiques nîmois d'entre-tuèrent (la "Michelade"). Aujourd'hui, la Saint-Michel

donne lieu à une foire qui débute, le 29 septembre, par un marché (annuel) aux balais, oignons, aulx, pommes de terre et melons à confiture.

Partout dans la ville, des monuments rappellent la présence romaine. Avec une superficie de plus de 200 ha, cette ville privilégiée par l'empereur accueillit sans difficulté, *intra muros,* des édifices de spectacles dont un théâtre et un cirque, disparus.

L'amphithéâtre (les Arènes), daté du Ier siècle, s'élève au cœur de la ville actuelle. De forme elliptique, il mesure 134 m dans un sens et 103 m dans l'autre, pour une hauteur totale de 21 m. S'il n'en est pas le plus imposant des amphithéâtres retrouvés, il est le mieux conservé. Bâti en pierre de taille (pierre de Barutel) comme celui d'ARLES, il présente, à l'extérieur, deux étages de 60 arcades chacun, surmontés d'un attique ; l'étage inférieur est orné de pilastres, l'étage supérieur de colonnes. On peut y voir deux bas-reliefs : l'un reprrésentant la louve allaitant REMUS et ROMULUS, l'autre figurant un combat de gladiateurs. Les

L'amphitéâtre romain (Ier siècle).

Page suivante : *la Tour Magne (An 16 avant J.-C.).* →

La Maison Carrée / Temple du Ier siècle avant J.-C.

portes, légèrement plus grandes, sont placées aux extrémités des deux axes, l'entrée principale se trouvant au nord, indiquée par deux avant-corps de taureaux.

A l'intérieur, ses 34 rangs de gradins pouvaient recevoir 25 000 spectateurs ; ils sont supportés par un ensemble de cinq galeries voûtées en berceau, qui font le tour de l'édifice et communiquent par des escaliers, facilitant la circulation et l'accès aux gradins.

A l'époque romaine, il servait aux combats de gladiateurs et de bêtes féroces. Il fut transformé, au Moyen Age, en citadelle : cette enceinte réduite servait de refuge à la population d'un village de 2 000 habitants et possédait deux églises. Il fut occupé jusqu'au XIXème siècle qui lui a rendu son visage ancien.

Chaque année, des corridas y sont organisées. Car NIMES est aussi la cité des taureaux. Les cinq jours de la Féria de la Pentecôte sont les plus populaires. Alternent spectacles folkloriques, joutes, défilés et corridas, où s'affrontent taureaux espagnols de près de 600 kg et matadors vêtus de lumière, au milieu d'une foule surexcitée. Des courses "libres" aux courses à l'espagnole, avec mise à mort, en passant par les courses "à la cocarde", tout le cérémonial est respecté. Le dernier dimanche de septembre, la Féria des Vendanges clôt la saison des courses et une longue période de fête au cours de laquelle toute la ville s'est enivrée de musique, avec le Festival lyrique (spectacles à grande mise en scène) et le Festival de jazz, en juillet et en août.

Située place de la Comédie, la Maison Carrée est un des deux temples les plus célèbres de la Gaule, avec celui de VIENNE (Isère). Elle fut construite à l'époque augustéenne, en pierre de Lens, et reproduit, en l'adaptant, un modèle romain (temple d'APOLLON *in circo* à ROME). Le temple était dédié aux princes de la jeunesse, Caïus et Lucius CESAR, petits-fils d'AUGUSTE. Les fouilles pratiquées au XIXème siècle permirent de constater qu'il était entouré d'un portique dont subsistent, aux abords immédiats des bases et des fragments de fûts de colonnes. Ses dimensions sont, en chiffres ronds, de 27 m de long sur 14 m de large et 17 m de haut. Sur un soubassement haut de 2,80 m, la cella est décorée de colonnes cannelées à demi-engagées dans le mur et précédée d'un portique, couvert et profond, et d'un escalier de 15 marches. La partie supérieure est le support de la décoration : chapiteaux corinthiens, frise à rinceaux de feuillages, corniche à modillons soulignée d'oves. Elle doit son

Le Square Antonin.

exceptionnel état de conservation au fait d'avoir été constamment occupée au cours des siècles. Siège de l'administration du XIème au XVème siècle, elle fut ensuite cédée à des particuliers qui y installèrent un pigeonnier et des écuries. Au XVIIIème siècle, elle devint la chapelle d'un couvent ; dégradée, elle fut restaurée, de 1778 à 1781, par le savant nîmois Jean-François SEGUIER. Vendue comme bien national sous la Révolution, elle fut achetée par le Département qui l'utilisa comme dépôt d'archives. Depuis 1824, un musée y est établi : le musée des Beaux-Arts est aujourd'hui le Musée des Antiques.

La rue Auguste (emplacement de l'ancien forum romain) conduit au square Antonin au centre duquel domine la statue d'ANTONIN le PIEUX, fils d'un Nîmois et empereur de ROME de 138 à 161.

Au sommet du Mont-Cavalier, point le plus haut de la ville, se dresse la Tour Magne, tour monumentale du rempart offert à NIMES par AUGUSTE en l'an 16 av. J.-C. Elle fut plaquée sur un édifice plus ancien, bâti en pierre sèche, qui faisait partie de l'enceinte protohistorique de l'oppidum celto-ligure. La maçonnerie augustéenne en a conservé l'empreinte. Avec ses 17 m de large et ses 30 m de haut, c'est le plus

important des monuments de ce type. A l'origine pleine, elle fut creusée au XVIIème siècle par un chercheur de trésor du nom de TRAUCAT ; les fouilles, autorisées par HENRI IV, furent arrêtées avant l'affaissement final.Un escalier moderne mène au sommet de cette tour de forme octogonale, avec des étages en retrait. Les archéologues pensent qu'elle représentait plus qu'une simple défense, peut-être une marque d'honneur accordée à la cité.

Au pied de la colline, s'étagent les Jardins de la Fontaine, un des plus beaux parcs du Midi, réalisés au XVIIIème siècle par l'ingénieur militaire MARESCHAL. Ce sont 15 ha (site classé) organisés en un jardin à la française autour du bassin de la source et du nymphée, vestiges antiques découverts au cours des travaux d'aménagement du canal, conservés et rafaits à neuf : les vases et les génies du nymphée sont dus au sculpteur LARCHEVEQUE, la nymphe, à Dominique RACHE. Le projet initial devait couvrir toute la colline. Faute de crédits, il ne fut pas continué après 1755. Son décor de vases de marbre et de statues, qui surmonte des balustrades, provient du château de la MOSSON, des environs de MONTPELLIER.

Près de la source, le Temple de DIANE, faisait partie d'un ensemble de constructions romaines. Devenu une église au Xème siècle, l'édifice fut ruiné par les guerres de religion. Il n'en reste qu'une salle au riche décor, voûtée en berceau et deux couloirs latéraux.

Rue de Lampèze, sont encore visibles les vestiges du *Castellum divisorium*, château d'eau de l'époque romaine et terminal de l'aqueduc de NIMES. Ce bassin circulaire d'à peu près 6 m de diamètre et 1 m de profondeur fut découvert en 1854. Il est percé de dix ouvertures dans lesquelles étaient fixés des tuyaux de plomb. La distribution de l'eau dans les divers quartiers de la ville était réglée par un système de bondes.

De l'enceinte romaine, deux portes ont subsisté : la Porte de France (une arche), rue du même nom, et la Porte d'Arles (quatre passages) dite Porte d'Auguste, au début du boulevard Amiral Courbet.

Un peu plus loin, au n°13 de ce boulevard, l'ancien Collège des Jésuites (XVIIème/XVIIIème siècles) abrite le Musée d'Histoire Naturelle et de Préhistoire (ethnologie, géologie, faune et flore régionales) et le Musée Archéologique, dont l'essentiel des collections,

présentées par thèmes, est de provenance locale : vestiges lapidaires, objets de la vie quotidienne, verrerie et mosaïques romaines, céramiques grecque, punique et étrusque, monnaies gauloises et romaines frappées à NIMES.

La visite des autres musées (des Beaux-Arts, du Vieux NIMES) est aussi agréable que nécessaire.

Hors des boulevards, la rue Racine, avec ses maisons basses à un ou deux étages, donne un aperçu des quartiers nîmois périphériques du XIXème siècle. A proximité, place de la Madeleine, se trouve l'église Saint-Paul (1849) de style romano-byzantin. Enfin, à l'intérieur de ses boulevards, la vieille ville offre un parcours intéressant parmi un remarquable ensemble d'architectures civiles romanes, gothiques ou de la Renaissance (rue de la Madeleine, rue de la Trésorerie, place du Marché, place aux Herbes) et des XVIIème, XVIIIème, XIXème siècles (rues des Greffes, Dorée, du Chapitre, Grand'rue, de la Madeleine (deuxième partie), rues Fresque et de Bernis). On y découvrira également les plus anciens édifices religieux de la ville : l'église Sainte-Eugénie et la cathédrale romane Notre-Dame-et-Saint-Castor.

TARASCON

D'après la tradition provençale, TARASCON est la ville de la Tarasque, monstre légendaire qui, surgissant du Rhône, terrorisait la région en dévorant les habitants, et fut apprivoisé par Sainte Marthe, venue évangéliser la ville vers l'an 48. En 1469, le roi RENE organisait et présidait une fête populaire en souvenir de cette miraculeuse délivrance ; elle devait avoir lieu

Le château de TARASCON depuis les berges du Rhône.

au moins sept fois par siècle. De nos jours, la Tarasque est au cœur des festivités chaque année, le dernier dimanche de juin. Une procession promène son effigie de carton et toile peinte, de plus de 6 m de long, tenue en laisse par une jeune fille, à travers les rues de la ville.

A la sortie de la Tarasque, le cortège associe l'arrivée de TARTARIN. Ce personnage illustre fut inventé par A. DAUDET en 1872, comme une "galejade". Personnage de roman, haut en couleurs, TARTARIN est devenu personnage de musée et revit aujourd'hui n°55 bis, du boulevard Itam où l'on a reconstitué sa maison.

Classé monument historique depuis 1840, le Château du Roi RENE compte parmi les plus beaux châteaux féodaux de FRANCE et est l'un des mieux conservés. Bien assis au bord du Rhône, il protégeait la frontière de PROVENCE face à BEAUCAIRE, en Languedoc. Edifié entre 1400 et 1449, c'est un superbe morceau d'architecture militaire, avec courtine crénelée, mâchicoulis et archères cruciformes. Au sud, l'imposant corps de logis, aux murs hauts de 45 m, est flanqué de quatre tours massives ;

de puissants remparts renforcés de tours rectangulaires entourent, au nord, la basse cour (anciens communs). Un large fossé creusé dans le roc l'isole de la ville. Son aspect extérieur reste impressionnant bien que les fenêtres à meneaux, dues au roi RENE, en atténuent la sévérité. L'intérieur est placé sous le signe de l'élégance : cour du gothique flamboyant, salles voûtées d'ogives ou plafonnées à la française. Prison jusqu'en 1926, l'édifice, racheté par l'Etat, a été fort bien restauré et est aujourd'hui ouvert à la visite. On pourra y admirer le trésor de l'apothicairerie de l'hôpital Saint-Nicolas : 210 pots à pharmacie en faïence de SAINT-JEAN-du-DESERT et de MONTPELLIER, du XVIIIème siècle. Une suite exceptionnelle de six tapisseries du XVIIème siècle, à la gloire de SCIPION, y est également exposée.

Située à proximité du château, la Collégiale Sainte-Marthe (XIIème/XIVème siècles) est l'un des plus célèbres sanctuaires de PROVENCE et renferme une belle galerie de tableaux (P. PARROCEL, VIEN, CARLE VAN LOO, MIGNARD, SAUVAN).

SAINT-MICHEL-de-FRIGOLET

L'entrée de l'abbaye.

Au nord-est de TARASCON, entre Rhône et Durance, l'abbaye SAINT-MICHEL-de-FRIGOLET s'abrite dans une colline ruisselante de pins, au cœur de la Montagnette aux aromatiques senteurs de romarin et de thym (férigoulo, en provençal, dont elle tire son nom). L'abbaye fut fondée par les moines de MONTMAJOUR, qui venaient s'y soigner, atteints de fièvres paludéennes contractées au cours de l'assèchement de leurs marais.

Le prieuré est mentionné au XIIème siècle et comprend, à cette époque, l'église Saint-Michel, le cloître et la chapelle Notre-Dame du Bon Remède. Il connaît abandon et ruine à partir du XIVème siècle. Au début du XIXème siècle, un collège s'installe dans ses murs : parmi les pensionnaires, Frédéric MISTRAL, qui l'évoquera dans "Mémoires et récits". En 1858, les chanoines de l'Ordre des Prémontrés s'y établissent ; ils appartiennent à l'Ordre de Saint-Norbert et conjuguent vie active et vie contemplative. Ils construisent une église néo-gothique et une vaste enceinte fortifiée, rendant vie à l'abbaye. S'ils furent expulsés à plusieurs reprises (1880, 1903), ils ne l'ont plus quittée depuis 1923.

L'église romane Saint-Michel, à nef unique, était l'église conventuelle primitive. Elle a conservé son toit en dalles de pierre et son petit clocher carré, mais fut dotée au XIXème siècle d'une façade moderne.

Accolé à l'église, le cloître date du début du XIIème siècle. Son architecture très simple et austère reflète l'idéal canonial de pauvreté.

La vaste basilique de l'Immaculée Conception, bâtie entre 1863 et 1866 par les Prémontrés, présente un décor très coloré et doré à l'or fin. Elle intègre dans le bas-côté nord la chapelle romane Notre-Dame du Bon-Remède. Lieu d'un très ancien pèlerinage lié à une source miraculeuse, la chapelle est revêtue de très belles boiseries dorées, encadrant quatorze toiles de MIGNARD, offertes en 1638 par ANNE D'AUTRICHE, à la naissance du futur LOUIS XIV, pour remercier la Vierge d'avoir exaucé son vœu (de donner le jour à un garçon).

En parcourant l'abbaye, on se souviendra du Révérend Père GAUCHER, personnage créé par DAUDET dans les "Lettres de mon Moulin" : "cette bonne face grisonnante avec sa barbe de chèvre et ses yeux un peu fous". Si le moine est légendaire, son élixir - "une liqueur verte, dorée, chaude, étincelante, exquise" - fabriqué par un distillateur de CHATEAURENARD, est vendu à la boutique de l'abbaye.

Le monastère est en pleine activité et des fêtes religieuses y sont organisées, notamment le lundi de Pâques (fête folklorique et bénédiction des chevaux) et à Noël (messe de minuit avec pastrage).

La chapelle Notre-Dame du Bon-Remède

Eglise abbatiale : les quatre travées du chœur.

→
Double page suivante :
vue générale de l'abbaye au cœur de la Palestine provençale.

*L'alambic qui distilla jusqu'en 1880,
le célèbre élixir attribué au R.P. Gaucher.*

Une galerie du cloître.

AVIGNON

*Le pont
Saint-Bénézet
vu du Rocher
des Doms.*

Tous les enfants ont chanté son pont.

Commencé en 1177 et achevé en 1185, le PONT D'AVIGNON, comprenait de 22 arches et mesurait 900 m de long sur 4 m de large. Il était donc étroit et, contrairement à la chanson, on ne dansait pas sur le pont mais sous les arches, dans l'île de la Barthelasse.

Sa construction est à l'origine d'une jolie légende selon laquelle BENEZET, berger du Vivarais, aurait reçu l'ordre céleste de bâtir un pont sur le Rhône. Edifié en bois, le pont fut détruit en 1226 puis reconstruit en pierre. Quatre arches seulement ont résisté aux crues du Rhône.

AVIGNON, ville qui domine le fleuve, doit son étymologie aux racines celtiques "aouen", fleuve, et "ion", seigneur.

L'élection du pape français CLEMENT V en 1309 changea le destin d'AVIGNON : ROME, déchirée par les querelles, n'offrant plus la sécurité au souverain pontife, celui-ci choisit de s'établir dans le Comtat-Venaissin, cédé à l'Eglise par le comte de TOULOUSE ; à sa mort en 1316, JEAN XXII, évêque d'AVIGNON, décida de s'installer dans la ville et d'agrandir le palais épiscopal. Désormais la Papauté se fixera à AVIGNON et en 1348, CLEMENT VI achètera la ville à la Reine JEANNE, comtesse de Provence.

Sept papes se succédèrent à AVIGNON jusqu'en 1378 qui marqua le début du Grand Schisme d'Occident : dès lors il y eut deux papes, l'un siégeant à ROME, l'autre à AVI-GNON. Après le départ du dernier pape au XVème siècle, AVIGNON fut administrée par un légat pontifical jusqu'à la Révolution et fut réunie à la France en 1791.

Le Palais des Papes, constitué de deux palais contigus, offre sur 15 000 mètres carrés de superficie, une originale magnifiscence. Ce palais-forteresse, qui représente le sommet du gothique du XIVème siècle, est l'œuvre successive de différents papes, mais, pour l'essentiel, le reflet de deux personnalités bien distinctes : BENOIT XII (Palais Vieux) et CLEMENT VI (Palais-Neuf).

Chaque été, en juillet et en août, la cour d'honneur et le verger d'URBAIN V deviennent le point de rencontre international du festival d'AVIGNON. Né autour de Jean VILAR, ouvert depuis 1967 à la musique, au théâtre et à la danse, il attire une foule croissante de spectateurs.

L'aile du Conclave, aujourd'hui restaurée, est le siège du Palais des Congrès. On est au cœur du Palais-Vieux (au nord et à l'est). Doté d'une architecture militaire, sobre, proche de la sévérité monacale, il se caractérise à l'extérieur par ses mâchicoulis sur arcades brisées et par ses tours. L'intérieur, couvert de plafonds en bois, est en partie décoré de fresques du XIVème siècle, dues à Matteo GIOVANETTI.

Au sud et à l'ouest, le Palais-Neuf offre plus de fantaisie et présente à l'intérieur de magnifiques salles voûtées d'ogives.

La chapelle Saint-Nicolas côté chevet.

LE PONT SAINT-BENEZET

Le côté sud-ouest du pont.

VUE GENERALE :

d'AVIGNON depuis les tours de VILLENEUVE-lès-AVIGNON.

du pont Saint-Bénézet, les remparts et le Palais des Papes.

→
Double page suivante :
enfilade des façade ouest de Notre-Dame des Doms et du Palais des Papes.

Notre-Dame des Doms.

←
Page précédente : *la Place du Palais.*

←
Page 40 : *les animations place du Palais. A l'arrière-plan, la façade de Notre-Dame des Doms.*

*L'Hôtel des Monnaies
Place du Palais.*

Le Petit-Palais.

Place de l'Horloge,
l'Hôtel de Ville.

Place de l'Horloge :
le Théâtre et la Tour de l'Horloge
(XIVème-XVème siècle).

Elevée en 1140-1160, la cathédrale romane Notre-Dame des Doms, est le plus ancien édifice religieux de la ville. Sa nef unique fut ornée en 1672 de remarquables tribunes baroques sculptées par PERU. A l'extérieur, son porche, au décor imité de l'antique, était décoré de fresques exécutées par Simone MARTINI. Il n'en reste plus que la Vierge entourée d'anges et le Christ bénissant, fresques exposées dans le Consistoire du Palais des Papes.

Sur le parvis de l'église se dresse un calvaire exécuté en 1819 par le sculpteur BAUSSAN.

Du rocher des Doms, site préhistorique de la ville, aménagé entre 1839 et 1848 en jardin public, s'offre, dans une pure lumière, une vue étendue et superbe sur le Rhône, le pont Saint-Bénézet et VILLENEUVE-lès-AVIGNON.

Ancienne résidence des évêques et archevêques d'AVIGNON, le Petit-Palais est un chef-d'œuvre de la fin du gothique. Depuis 1976, il est devenu un musée d'art médiéval réservé à l'art avignonnais, à la sculpture médiévale et à la peinture italienne (collection CAMPANA).

Situé place du Palais, l'Hôtel des Monnaies, construit en 1619 sous la légation du cardinal BORGHESE, est doté d'une large façade baroque d'inspiration italienne, surmontée de dragons et d'aigles monumentaux. Le Conservatoire de Musique s'y est installé depuis 1860.

Plantée de platanes, bordée de cafés très fréquentés en période du festival, la place de l'Horloge est le centre de l'activité avignonnaise et, chaque été, un lieu de spectacles spontanés. On y découvre l'Hôtel de Ville (1846-1852), avec sa tour de l'Horloge ou Tour de Jacquemard, d'époque gothique. A côté se dresse le Théâtre (1847), dont l'entrée est précédée par les deux statues assises de MOLIERE et CORNEILLE.

A proximité, au n°4 de la rue de Mons, la maison Jean VILARS, aménagée dans l'hôtel de CROCHANS, est un centre unique de documentation sur l'art dramatique et sur l'histoire du festival d'AVIGNON.

Protégé par ses remparts construits entre 1350 et 1370 sur plus de 4 km, le VIEIL AVIGNON offre un patrimoine architectural et culturel du plus haut intérêt.

VILLENEUVE lès-AVIGNON

Vue générale de la Chartreuse du Val de Bénédiction.

Cité médiévale sur la rive droite du Rhône, VILLENEUVE-lès-AVIGNON bénéficia de l'implantation de la Papauté à AVIGNON. Sa prospérité vint de ce que les cardinaux s'y installèrent et firent construire de luxueuses résidences appelées "livrées".

Une de ces livrées est à l'origine de la Chartreuse du Val-de-Bénédiction : le cardinal AUBERT devenu pape sous le nom d'INNOCENT VI, fonda en 1356 un monastère autour de la livrée qu'il s'était fait bâtir en 1345. Le monastère, consacré en 1358, fut agrandi par les neveux du Pape après sa mort. Aux XVIIème et XVIIIème siècles, plusieurs constructions contribuèrent à son embellissement. La plus remarquable est la belle porte monumentale construite par François ROYERS de la VALFRENIERE en 1649. Dégradée et pillée sous la Révolution, vendue comme bien national et morcelée, la Chartreuse fut l'objet d'importants travaux de restauration dès le début du siècle, par la Caisse Nationale des Monuments Historiques et des Sites. Depuis 1973, elle est devenue un centre culturel : le Centre International de Recherche de Création et d'Animation. Le C.I.R.C.A. a mis au point un vaste projet liant restauration et animation. En permanence ont lieu des stages, expositions, spectacles, concerts, et conjointement au Festival d'AVIGNON sont organisées des Rencontres internationales d'été.

Son église du XIVème siècle, à nef unique, abrite le tombeau d'INNOCENT VI, en marbre blanc et pierre de Pernes, sculpté par Barthélemy CAVALIER en 1362. Des statues qui le décoraient, subsistent le Christ et les saints Pierre et Paul.

Les édifices communautaires sont groupés autour des trois cloîtres qui font de cette chartreuse, entourée d'un mur d'enceinte de 1,500 km, la plus vaste de France.

Le petit cloître dit de l'église, de la fin du XIVème siècle, donne sur la salle capitulaire et la cellule du sacristain.

Le grand cloître ou cloître du cimetière, est entouré par les anciennes cellules des pères qui se composaient de deux petites pièces. Au sud de ce grand cloître, se trouve la chapelle pontificale formée d'une abside à cinq pans, dont les murs ont conservé les fresques peintes par Matteo GIOVANETTI pour INNOCENT VI.

Le lavabo précède l'entrée du réfectoire, ou Tinel, anciennement salle d'audience et aujourd'hui salle de spectacles.

Le cloître Saint-Jean, bâti en 1536, est bordé par des cellules de chartreux. Une fontaine englobée dans une rotonde, exécutée au XVIIIème siècle par Jean-Baptiste FRANQUE, et un puits datant du XIVème siècle, en occupent le centre.

Au sommet du Mont Andaon, le Fort Saint-André domine VILLENEUVE. Elevé dans la

Le petit Cloître.

CHARTREUSE DU VAL DE BENEDICTION.

Le cloître du cimetière.

Le cloître Saint-Jean avec sa monumentale fontaine (XVIIIème siècle) et son vieux puits.

→

Le Fort Saint-André : la porte fortifiée à deux tours jumelles.

deuxième moitié du XIVème siècle sous JEAN LE BON et CHARLES V, il est l'un des plus beaux modèles de fortification médiévale.

Une vaste enceinte flanquée de tours permettait de tenir en respect AVIGNON et mettait à l'abri l'abbaye bénédictine, la chapelle romane de Notre-Dame-de-Belvezet et le village de SAINT-ANDRE. Outre le Tour des Masques, elle a gardé sa magnifique porte fortifiée défendue par deux tours jumelles cylindriques.

Fondée auprès du tombeau de Sainte-Casarie, l'abbaye bénédictine de SAINT-ANDRE devint très importante au Moyen Age. URBAIN II s'y arrêta au cours de la première croisade et elle fut consacrée en 1118 par le pape GELASE II. Reconstruite au XVIIème siècle, elle fut en partie détruite pendant la Révolution. Il ne reste plus qu'un porche d'entrée et un corps de bâtiment mais avant tout on peut y admirer des terrasses et des jardins d'inspiration italienne qui permettent de découvrir une vue admirable sur AVIGNON et la plaine du Comtat.

Dans la rue de la République existent encore les anciennes livrées cardinalices de la Thurroye (au n°53) et d'ARNAUD de VIA (au n°1) ainsi que l'hôtel dit du Prince de Conti (au n°45).Au bas de cette rue, face à la Mairie, le Musée Municipal s'est installé dans l'ancienne livrée du cardinal de PAMPELUNE reconstruite au XVIIème siècle. Il a été le grand bénéficiaire des mobiliers de la Chartreuse et de l'abbaye Saint-André. Le rez-de-chaussée présente un chef-d'œuvre appartenant au trésor de la collégiale : une Vierge en ivoire polychrome sculptée dans une défense d'éléphant et datée de la première moitié du XIVème siècle. On pourra admirer, au premier étage, le retable du Couronnement de la Vierge, peint en 1453-1454 par Enguerrand QUARTON, l'un des plus importants représentants de l'école d'AVIGNON ; aux deuxième et troisième étages, des œuvres remarquables de Nicolas MIGNARD, Philippe de CHAMP-AIGNE, Nicolas COLOMBEL et Reynaud LEVIEUX.

Place Saint-Marc s'élève l'église collégiale de VILLENEUVE fondée en 1333 par le cardinal ARNAUD de VIA. Primitivement, elle ne possédait pas de chœur. Elle doit celui qu'on peut

Les ruines de l'abbaye bénédictine fondée au Xème siècle.

lui voir actuellement au raccordement et à la fermeture, en 1350, du rez-de-chaussée de la tour qui servait à la fois de beffroi et de passage public, et qui fut ensuite fortifiée en 1355. Sa nef unique est flanquée de chapelles latérales et son chœur renferme un très beau maître-autel du XVIIIème siècle dû à Antoine DUPARC et provenant de la Chartreuse, ainsi que l'ancien siège abbatial de Saint-André, en marbre, du XVIIème siècle. Au nord de l'église, s'étend le cloître de la fin du XIVème siècle.

Rue Montée de la Tour, sur la route d'AVIGNON, la Tour de PHILIPPE le BEL, construite en 1302 à la tête du pont Saint-Bénézet, haute de 39 m, ne comportait à l'origine qu'un seul étage et était entourée d'un châtelet (disparu) qui défendait l'entrée du pont. Surélevée d'un étage au XIVème siècle, puis dotée d'une tourelle de guet au XVème siècle, elle conserve de nos jours trois étages de salles voûtées qui accueillent des expositions temporaires. On a du haut de cette tour un splendide panorama sur la "ville des Papes", la plaine du Rhône, le Lubéron et le Mont Ventoux.

MONT VENTOUX

Situé à environ 50 kilomètres au nord-est d'AVIGNON, relié au sud aux plateaux de Vaucluse et bordé au nord par les Baronnies, le MONT VENTOUX domine la Provence rhodanienne. La massif culmine à 1 912 m, mais sa situation isolée en fait une vraie montagne.

Le VENTOUX est particulièrement balayé par les vents auxquels il doit probablement son nom, principalement par le mistral qui y souffle avec force et fureur.

Ses flancs offrent une végétation étagée. Chênes verts et blancs, hêtres, cèdres, pins, sapins et mélèzes forment une large couverture forestière, grâce à des reboisements commencés dès 1860. En effet, à partir du XVIème siècle, les nombreuses coupes pratiquées pour fournir en bois les constructions navales de TOULON avaient dénudé une grande partie du massif. Les amateurs de botanique rencontreront à la base des fleurs et des plantes méridionales (surtout sur le flanc sud), tandis qu'au sommet, ils

Vue générale sur la plaine de CARPENTRAS et le MONT VENTOUX.

découvriront une flore polaire, notamment le Saxifrage du Spitzberg et le Pavot velu du Groënland. Au-delà de 1 600 m, le massif n'est plus qu'un amas de pierres d'un blanc immaculé.

Chênes truffiers et cèdres du Liban, lavande et miel constituent les ressources du VENTOUX.

Couronné de neige en hiver, on peut y pratiquer le ski : des stations ont été aménagées, avec chalets et remonte-pentes, au MONT SEREIN, sur le versant nord, et au CHALET-REYNARD, sur le versant est.

Qu'on l'atteigne à pied ou en voiture, le sommet du VENTOUX procure une vue panoramique et permet, par temps clair, de porter ses regards du massif de l'OISANS à la MEDITERRANNEE. La route très sinueuse, donna lieu, de 1902 à 1976, à une course de côte restée célèbre ; de nos jours, les vrombissements des moteurs ont laissé la place aux "petites reines" du Tour de France cycliste. Le sommet est occupé par un observatoire dépendant de la Météorologie Nationale, une tour-relais de télévision, une station radar de l'armée, un hôtel-restaurant et la chapelle Sainte-Croix, fondée par l'évêque de CARPENTRAS à la fin du XVème siècle (reconstruite en 1936).

La route qui permet d'en faire le tour traverse, au sud, les pittoresques villages de SAINT-ESTEVE, SAINTE-COLOMBE, au milieu des vignes et des oliviers, et BEDOIN, sur l'un des premiers contreforts du massif. Cette même route se poursuit jusqu'à CARPENTRAS, capitale de la truffe et des berlingots (nés en 1844) ; mais aussi pays de la vigne et du vin (le Côte de Ventoux) : du 27 novembre à fin mars, se tient tous les vendredis, à côté des fruits et des légumes, le plus important marché de plants de vigne de France. C'est également une vieille ville aux rues étroites qui découvre, en son cœur, une cathédrale sous le vocable de Saint-Siffrein, romane et gothique, ornée d'une abondante décoration de marbre et de bois doré, et non loin, une synagogue, la plus ancienne de France, avec sa piscine pour la purification et la boulangerie avec ses fours pour la fabrication du pain azyme.

FONTAINE
de
VAUCLUSE

Une des plus puissantes résurgences du monde.

Italien de naissance, provençal de cœur, PETRARQUE (1304-1374) demeura seize années à FONTAINE DE VAUCLUSE, seul et retiré, cherchant à oublier son amour violent et sans espoir pour Laure de NOVES.. La beauté de cette vallée close (d'où le nom de Vaucluse), entre le MONT VENTOUX et le LUBERON, aura sûrement contribué à apaiser ses tourments.

De nos jours, FONTAINE DE VAUCLUSE est un des hauts lieux du tourisme international.

Résurgence de la rivière La Sorgue, la fontaine est le débouché d'un mystérieux fleuve souterrain qu'alimentent les eaux de pluies infiltrées par les avens des plateaux des monts de Vaucluse et de Lure. Son caractère tumultueux et changeant la classe parmi les sources les plus importantes du monde. L'été, son débit tombe à 8 mètres cubes par seconde et permet d'admirer le calme et la douceur d'un lac d'un bleu profond. L'hiver et le printemps, le spectateur sera comblé par la magie de ses gerbes d'écume et par le grondement assourdissant et envoûtant de cette perfection de la nature : la force des eaux peut alors atteindre 150 à 200 mètres cubes par seconde.

Au pied d'impressionnantes falaises calcaires, hautes de plus de 200 mètres, s'ouvre le gouffre insondable : les nombreuses explorations dont il a fait l'objet depuis 1878 - y compris celles du Commandant COUSTEAU - n'ont pu révéler son origine.

Les nombreuses fabriques, pour la plupart désaffectées, qui bordent la Sorgue, tiraient jadis leur énergie des moulins installés en aval du pont de Vaucluse. C'est dans l'un de ces traditionnels moulins à battoirs que fut créé, en 1976, à l'instigation du Département, le Centre des Métiers Artisanaux de *Vallis Clausa*. Musée vivant de la papeterie, il fait revivre la vie ouvrière provençale. A la même époque, l'artisanat du verre a été réintroduit à FONTAINE DE VAUCLUSE et diffuse, tant en France qu'à l'étranger, les produits de la cristallerie des Papes.

Deux autres musées sont également à visiter sur le Chemin de La Fontaine.

Le Musée Norbert CASTERET, consacré au monde souterrain (matériel utilisé en spéléologie, reconstitution de sites) abrite une collection de 400 cristallisations rassemblées par le célèbre spéléologue.

Le Musée des Restrictions raconte l'histoire des rationnements durant les trois dernières guerres.

L'église romane Sainte-Marie-et-Saint-Véran, abrite, dans la crypte, le tombeau (vide) de l'ermite VERAN, devenu évêque de CAVAILLON au VIème siècle. D'après la légende populaire, SAINT-VERAN aurait tué un méchant dragon (le Couloubre) qui dévastait la région et

Vue générale sur le site de FONTAINE du VAUCLUSE.

logeait dans le gouffre de la fontaine ; libérant la vallée de ce monstre, le saint établit une colonie de moines cénobites qui occupèrent toutes les grottes accessibles. L'église est un édifice à trois travées, avec transept, ce qui est rare dans la région ; les murs sont en grossier appareil. A noter la corniche à modillons à masques d'hommes ou d'animaux sur laquelle s'appuie le toit de tuiles rondes.

Au milieu de la place du village se dresse une colonne (datant de 1804) commémorant le cinquième centenaire de la naissance de PETRARQUE. De là, en empruntant le pont et un passage voûté, on atteindra le Musée Pétrarque érigé en 1927 sur l'emplacement présumé de sa maison. Des collections iconographiques sur le poète et son séjour à FONTAINE DE VAUCLUSE y sont exposés.

La visite s'achèvera par celle du château, perché sur un éperon rocheux d'où l'on découvre avec bonheur la fontaine et le village en contrebas. De la résidence des évêques de CAVAILLON, élevée au XIIIème siècle sur un castrum du XIème siècle, il ne reste que des vestiges :

un vaste rectangle de 49 m sur 22 m et une tour arrondie, dans l'angle nord-ouest, construits en petit appareil. Une barbacane et un large fossé protégeaient l'entrée. Des traces de créneaux sont encore visibles, un certain nombre d'archères encore intactes. En revanche rien ne subsiste du donjon, de la chapelle, de la salle d'armes, de la salle de garde et de la tour de défense mentionnés dans un inventaire dressé au XVème siècle.

Outre la fontaine, il faut signaler l'existence d'une école de kayak, autre façon de longer la Sorgue sur un mode plus sportif.

A quelques kilomètres à l'ouest, se trouve une autre station climatique et touristique : L'ISLE-SUR-LA-SORGUE, dans une île formée par les bras de la rivière. Surnommée "La VENISE du Comtat", c'est une petite ville pleine de charme et animée, centre d'un pittoresque marché à la brocante (le dimanche).

Au nord-ouest, SAUMANE-DE-VAUCLUSE, village ancien et perché, offrira un extraordinaire panorama sur la plaine du Comtat.

Le château.

FONTAINE de VAUCLUSE.

La Sorgue, au centre du village.

SENANQUE

*Façade ouest
de l'église
abbatiale.*

Chef-d'œuvre d'architecture cistersienne, SENANQUE, sur le flanc sud des monts de Vaucluse, se niche au creux d'un vallon resserré aux pentes couvertes de chênes kermès et de buis, à la source de la Sénancole et loin de tout village, en accord avec les règles de l'ordre de Cîteaux, qui voue les moines à la solitude, à la prière et au travail (manuel et intellectuel).

Des trois "sœurs provençales" (abbayes du THORONET et de SILVACANE), élevées entre le milieu du XIIème siècle et le début du XIIIème siècle, SENANQUE est la mieux conservée.

Une route unique y conduit. Couverte en grande partie de lauses, l'abbaye apparaît au milieu des champs de lavande plantés par les religieux dans ce paysage tout à la fois austère, silencieux et apaisant. Sa beauté formelle réside dans la perfection de ses volumes et dans son dépouillement suprême, signe distinctif de l'art cistercien et matérialisation de l'esprit de pauvreté qui caractérise la Règle de Saint Bernard de Clairvaux, qui assura le rayonnement de l'Ordre et se révéla le plus grand maître spirituel de son temps.

SENANQUE fut fondée en 1148 sur les terrains offerts par la famille d'AGOULT-SIMIANE, seigneurs de GORDES, aux douze moines ardéchois venus de l'abbaye de MAZAN. Sa construction commença vers 1160 ; l'église, élément principal, fut bâtie en premier. Les donations de terre affluant, l'abbaye prospéra très vite ; à la fin du XIIIème siècle, elle possédait des biens considérables. Cet accroissement des richesses engendra au XIVème siècle un relâchement à l'intérieur de la communauté (inobservance de la Règle). En 1544, SENANQUE fut mise à sac par les Vaudois du LUBERON impitoyablement pourchassés et massacrés. A la fin du XVIIème siècle, le monastère tombait en ruine et ne comptait plus qu'un seul moine. En 1791, l'abbaye et ses terres furent vendues comme biens nationaux. Achetée par un particulier, Benoît de LEOUZE, elle fut revendue en 1854 à Dom Marie-Bernard BARNOUIN qui restaura les bâtiments, remit en état les cultures et reconstitua une communauté. A la fin du XIXème siècle, SENANQUE était florissante. Expulsés en 1880 et en 1905, les moines ne revinrent qu'en 1926. En 1969,

Le cloître XIIème siècle.

←
Double page précédente :
dans un site désolé, au creux
du canyon de la Sénancole, l'abbaye.

→
Le cloître et le
clocher de l'église.

l'abbaye ne comprenait plus qu'une petite communauté de moines âgés. La décision fut prise de les regrouper au monastère de Saint-Honorat, siège de la congrégation depuis 1872.

Louée à la société de la Vallée de SENANQUE, fondée par M. Paul BERLIET, avec un bail de trente ans et une clause permettant aux religieux la reprise des lieux, SENANQUE fut entièrement restaurée. Elle est devenue un centre culturel orienté sur l'histoire des religions et sur l'art grégorien et les musiques traditionnelles du Bassin Méditerranéen.

Le centre reçoit de nos jours des milliers de visiteurs attirés par ce pur joyau de l'art roman, mais aussi par les nombreux concerts (en juillet et en août), les rencontres annuelles du cercle d'études médiévales, et des expositions diverses. Une exposition permanente sur le SAHARA ("Visages multiples du désert saharian : journée d'un Touareg") évoque, entre autres, la présence du Père de FOUCAULT, et montre, par le texte et par l'image, la géographie et l'histoire du désert.

Le retour de la communauté monastique est prévu pour septembre 1988. Toutefois, l'abbaye restera ouverte au public et certaines expositions seront conservées.

L'entrée se fait par un bâtiment de la fin du XIXème siècle, qui abrite l'accueil, la librairie et les salles d'expositions.

La visite débute par le dortoir qui occupe tout l'étage de l'aile nord : sa voûte en berceau brisé comporte deux larges doubleaux ; on notera l'épaisseur des murs qui protégeait les moines du froid et de la chaleur. Un escalier le met directement en communication avec l'église (pour les offices de nuit). Un second escalier mène au cloître (fin XIIème - début XIIIème siècles), adossé à l'église : un berceau en plein cintre couvre ses galeries qui ouvrent chacune sur le préau par une suite d'arcades à colonnettes géminées, dont les chapiteaux sont décorés sans excès de feuilles plates et de crochets. Espace clos, ouvert sur la lumière du jour, lieu de méditation, de promenade et de cérémonies, il dessert tous les locaux conventuels.

L'église abbatiale côté chevet, et les bâtiments monastiques.

Accolée au bas-côté de l'église, la galerie nord donne sur la salle capitulaire (fin XIIème siècle), rectangulaire et voûtée d'ogives surbaissées qui s'appuient sur deux piliers centraux. Tout autour de cette salle, qui servait aux réunions du Chapitre, des bancs de pierre sont disposés en gradins. La salle des moines, ou chauffoir, lui fait suite. Seule pièce où l'on pouvait allumer du feu, elle possédait les deux seules cheminées de l'abbaye ; il n'en reste qu'une, avec sa hotte en forme de tronc de cône. Du fait de la température adoucie, les copistes y préparaient encres et parchemins.

A l'ouest, à l'opposé de l'église, se trouve le réfectoire, reconstruit au XVIIème siècle et restauré en 1970. La cuisine est placée à l'arrière, à cheval sur la Sénancole.

L'aile sud était réservée aux frères convers. Les bâtiments, incendiés au XVIème siècle par les Vaudois, furent reconstruits au XVIIème siècle par l'abbé de BETHUNE.

Edifice solide et harmonieux, l'église se situe à l'est, au point le plus haut, selon l'ordre de valeur qui régit l'implatantion des bâtiments ; mais l'étroitesse de la vallée conditionna son orientation vers le nord, au lieu de l'est traditionnel. La façade, construite vers 1175, est divisée en trois parties par deux larges contreforts. Les portes sont latérales, surmontées par une étroite fenêtre en plein cintre. Dans la partie centrale, deux baies et un oculus éclairent l'intérieur, en forme de croix latine : la nef est voûtée en berceau brisé sans arcs-doubleaux ; le transept est coiffé d'une coupole sur trompes, que surmonte à l'extérieur un petit clocher carré. Aucune ornementation ne vient rompre la parfaite sobriété de l'ensemble. La taille des pierres et la finesse des joints sont admirables.

Avant de quitter les lieux, on remarquera, contre le chevet de l'église, les tombes anonymes des moines de SENANQUE.

GORDES

La cour Renaissance du château.

Merveilleusement situé face à la barre du Luberon, GORDES s'appuie sur la bordure méridionale des plateaux de Vaucluse. Couronné par son église et son château Renaissance, le village s'agrippe à la plate-forme rocheuse qui domine la vallée de l'Imergue. Ses maisons anciennes, de hautes bâtisses aux murs épais et aux tuiles rousses, se confondent avec le roc, dans lequel ont été creusées les caves.

Baronnie élevée en marquisat par LOUIS XIII en 1615, GORDES, dont l'histoire remonte à la tribu celto-ligure des VORDENSES, fut du IXème siècle jusqu'à la révolution le fief d'illustres familles : les SIMIANE, les SOUBISE puis les CONDE.

Au XIXème siècle, le bourg vivait de cultures variées : blé, vigne, olivier, garance, chardon et mûrier. De nos jours, il a perdu son caractère exclusivement rural. Centre de tourisme et lieu de villégiature en renom, il doit son succès à la présence d'artistes venus s'y fixer à partir des années 50, précédés par le peintre cubiste André LHOTE, originaire de BORDEAUX, qui y arriva en 1937, suivi par Marc CHAGALL puis par Victor VASARELY.

GORDES a conservé des vestiges de ses remparts du XIIème siècle et deux portes, le portail Vieux et la porte de Savoie (reconstruite au XVIème siècle). Vieilles maisons et demeures nobles, lacis de ruelles étroites et caladées, pentes raides, passages couverts, escaliers abrupts s'offrent à la découverte du village.

Avoisinant le château, l'église de l'Assomption, construite au XVIIIème siècle, se détache au sommet du promontoire, renforcée par de robustes contreforts. Elle est flanquée au nord d'un clocher carré (antérieur), beau et simple, desservi par un escalier extérieur et surmonté d'un campanile en fer forgé.

Jusqu'en 1958, date à laquelle l'eau courante fut installée à GORDES, les habitants s'approvisionnaient à la fontaine de la place du Château. C'est sur cette place que depuis toujours, tous les mardis, se tient le marché.

Le château, d'origine médiévale, fut modifié et aménagé vers 1525 par Bertrand de SIMIANE descendant de la famille d'AGOULT-SIMIANE. Compromis de l'austérité médiévale et du raffinement de la Renaissance, c'est une belle demeure rectangulaire à trois étages dégressifs

Les façades sud et ouest à fenêtres à meneaux.

←
Double page précédente :
vue générale du site de GORDES.

sur rez-de-chaussée. Au nord, il conserve une allure de forteresse : rez-de-chaussée et premier étage aveugles, façade cantonnée de deux grosses tours rondes à mâchicoulis, avec bouches à feu. Au sud, il présente une façade harmonieuse percée de fenêtres à meneaux simples ou à frontons triangulaires et munies d'échauguettes d'angle. Le parapet en forme d'attique masque la toiture et le chemin de ronde. A l'intérieur, un bel escalier à vis donne accès aux différents niveaux. Au premier étage, une immense cheminée de pierre, datée de 1541, orne la grande

salle à manger (23 m de long) plafonnée à la française ; le décor sculpté de la hotte - motifs à l'antique et douze niches vides encadrant un blason (martelé) - englobe les deux portes latérales.

Propriété de la commune depuis 1811, bien restauré de nos jours et classé monument historique, il abrite la mairie et, depuis 1970, un musée consacré à l'un des pionniers de l'art cinétique : VASARELY. Le "Musée didactique VASARELY" accueille la partie "personnelle et subjective" de son œuvre.

VILLAGE des BORIES

Un groupe de bories.

→
Double page suivante :
vue générale depuis l'entrée du village.

Le territoire de GORDES offre la plus importante concentration de cabanes en pierre sèche, localement appelées "bories" ("bori" en provençal), du latin "boaria", étable à bœufs. Ces constructions se retrouvent, groupées en hameaux ou isolées, dans tous les pays de la Méditerranée, un peu partout en France, principalement en Provence, en Languedoc et en Roussillon. Seul le nom change.

Le VILLAGE DES BORIES forme, au sud-ouest de GORDES, en direction de CAVAIL-LON, un ensemble cohérent et spectaculaire. Il se compose de cinq groupes de bories organisées autour de cours et constituant cinq habitations avec leurs dépendances : bergeries, soues, resserres, magnaneries, fours à pain et cuves à vin avec fouloir. De hauts murs et des murets de pierre sèche, coiffés par des pierres posées à plat ou de chant, délimitent ruelles, enclos et aires à battre. Une population de bergers et de paysans y vivait en économie fermée, élevant du bétail et cultivant - en restanques (terrasses) - vigne, oliviers, céréales, mûriers et amandiers. Pour les besoins en eau, un puits se trouvait à une centaine de mètres du village ; des réservoirs creusés dans le roc recueillaient les eaux de pluie.

De conception originale, les bories s'intègrent parfaitement à la nature qui en a fourni le matériau : les lauses, pierres d'épaisseur variable constituées de lamelles de calcaire, ramassées lors de l'épierrage des champs. Elles sont construites selon le principe de la fausse voûte en encorbellement, technique très ancienne qui épargne la pose de cintres. Les pierres sont posées à sec, sans mortier, en saillie les unes sur les autres et inclinées vers l'extérieur pour éviter que l'eau s'infiltre. Les murs convergent vers le centre, mais avant que ne soit atteint le point de perte d'équilibre, des dalles posées à plat relient les parois, formant couvercle et plafond au-dessus. Une masse importante de pierre assure le blocage de la construction, qui se termine par un alignement de grandes dalles en faîtage. Les assises s'appuient directement sur le rocher nu ; parfois un dallage de pierres irrégulières rétablit le niveau du sol. Les portes (planches de bois clouées) ne possèdent pas de gonds et pivotent autour d'un montant fixé dans le seuil et dans le linteau (grande dalle plate). Les autres ouvertures sont de simples orifices.

La construction de ces bories s'est échelonnée du XIVème au XVIIIème siècle, voire au XIXème siècle. Elles étaient, en effet, rebâties et améliorées.

Groupes de bories au nord-ouest du village.

SAINT-REMY-de-PROVENCE

Les Antiques.

Etablie au pied des Alpilles dans la plaine opulente de la petite Crau, et point de jonction des routes reliant TARASCON à CAVAILLON, LES BAUX à CHATEAURENARD, SAINT-REMY-de-PROVENCE est une étape privilégiée, parée du prestige d'un ensemble monumental exceptionnel formé par les Antiques et les vestiges archéologiques de GLANUM.

Bon nombre d'écrivains et d'artistes y ont séjourné. Le parcours de la vieille ville permet d'évoquer les personnages célèbres. Rue Hoche s'élève la maison natale de l'astrologue NOSTRADAMUS (1503 - 1566). Une plaque commémorative apposée sur la Porte du Trou rappelle que Frédéric MISTRAL venait y lire des extraits des premiers chants de Mirèio aux parents de Joseph ROUMANILLE et aux premiers félibres. C'est au n°5 de la rue Carnot que Charles GOUNOD fit entendre pour la première fois, en mai 1863, sa partition de Mireille, inspirée du poème de MISTRAL.

Certaines des plus belles demeures anciennes de SAINT-REMY ont été transformées en galeries ou en musées : rue du Parage, l'hôtel de Sade (XVème siècle) est devenu un centre archéologique d'un très grand intérêt, et l'hôtel de Lagoy (XVIIème siècle) expose des artistes contemporains. Place Favier, l'hôtel Mistral de Montdragon (XVIème siècle) abrite le Musée des Alpilles "Pierre de Brun" (arts et traditions populaires). L'hôtel Estrine, rue du même nom, accueille le Centre provençal Vincent Van Gogh.

Bas-reliefs ornant le soubassement carré du Mausolée. Ils représentent des combats.

Tous les samedis, de juin à octobre, et lors du Festival de Musique "Organa" (en août) des concerts d'orgue sont donnés en la collégiale Saint-Martin, renommée pour son orgue de tribune contemporain (1983) considéré comme l'un des plus beaux d'Europe.

Cette ville d'art et de culture est aussi réputée pour ses ressources gastronomiques (vin, fruits, olives). De son huile, on faisait jadis le saint chrême pour oindre les rois. L'animation règne autour des grands marchés du mercredi et du samedi, et tous les ans, le 15 août, les Saints-Rémois honorent la terre : la carreto ramado (charette ramée), ornée de fleurs, de fruits et de légumes du terroir et attelée de cinquante chevaux, défile dans les rues de la ville.

A un kilomètre au sud de SAINT-REMY, en pleine campagne, se dressent les "Antiques" de GLANUM. Pendant des siècles, ils ont été les seuls vestiges visibles de la riche cité antique, dont ils marquent la limite.

L'Arc municipal, construit sur une bretelle de la voie d'Italie en Espagne, est un des plus anciens arcs de la Narbonnaise. Cet arc à une baie a perdu sa partie haute et doit sa couverture de lauses à double pente au XVIIIème siècle. Sur chaque face (est et ouest), des fûts cannelés de colonnes engagées dans le massif encadrent des captifs (mal conservés), homme et femme, au pied de trophées d'armes. Les écoinçons de la baie sont ornés de Victoires ailées portant des enseignes. Des guirlandes chargées de fruits décorent le berceau, bordé à l'intérieur par une frise de rinceaux délicats. La voûte est ornée de caissons à fleurons variés. Ce décor sculpté est d'une grande finesse d'exécution.

Frise du premier étage, surmontant les quatre arcades.

Détail de la frise de l'arcade sculptée d'une guirlande de fruits et de feuilles.

→
L'Arc municipal.

← →
*A gauche et à droite de
l'arcade, sculptures de
groupes de captifs
enchaînés.*
↓

← →
Détails des Victoires.

Voûte à caissons de l'arcade.

Haut de 18 mètres, le Mausolée est un monument funéraire dédié, entre 30 et 25 avant J.-C., par SEXTIUS, LUCIUS et MARCUS, de la famille des JULII à leurs parents. C'est ce qu'indique l'inscription dédicatoire gravée sur l'entablement du quadrifons. Construit en calcaire local, et en bon état de conservation, ce monument familial se compose de trois étages : une base carrée, un arc à quatre baies, à colonnes corinthiennes aux angles et frise à sujets marins sur l'entablement, une rotonde corinthienne abritant les statues en toge des défunts, surmontée d'une frise végétale et terminée par un dôme à écailles de pierre. Les quatre panneaux du socle sont ornés de bas-reliefs fortement influencés par le naturalisme hellénistique et remarquables dans leur exécution. Ils évoquent de manière allégorique des exploits guerriers : au nord, un combat de cavalerie (dont la véracité est accrue par la technique) ; à l'est un combat entre Grecs et Amazones. Au sud, une scène de chasse au sanglier. A l'ouest, un combat de fantassins autour d'un cavalier mort, probablement le combat des Grecs et des Troyens autour du corps de Patrocle. Les figures, rendues avec une exceptionnelle aisance de mouvement et une grande liberté dans l'espace, sont cernées par un sillon en creux qui les fait ressortir en relief sur le fond. Sur les quatre côtés, au-dessus des scènes, des masques de théâtre et de comédie reposent sur de lourdes guirlandes (symbolisant la prospérité) portées par des putti qui s'arqueboutent dans une position réaliste.

Situé en face du plateau des ANTIQUES, dans le quartier qui porte le nom de "Mausole", l'hospice Saint-Paul-de-Mausole (ancien monastère) conserve le souvenir du séjour de Vincent VAN GOGH, interné de son plein gré entre mai 1889 et mai 1890. Disposant d'un atelier, il peignit, entre ses crises de folie, de nombreux paysages, tableaux de fleurs et portraits.

Les RUINES de GLANUM

Maison des Antes.

→
Double page suivante :
vue générale de la moitié nord des fouilles.

Les ruines de GLANUM se trouvent au débouché d'un défilé qui traverse les Alpilles. Au fond de la vallée, les collines bloquent légèrement le site qui affecte la forme d'un entonnoir.

Enfouie sous les alluvions, la ville antique a été dégagée à partir de 1921 par J. FORMIGE et P. de BRUN. En 1942, H. ROLLAND poursuivit les fouilles jusqu'à sa mort en 1970. L'exploration est continuée de nos jours par la Direction Régionale des Antiquités de Provence.

L'histoire de ce site, dont l'occupation remonte au premier millénaire avant notre ère, est mal connue. Aux VIIème et VIème siècles avant J.-C., GLANUM était un sanctuaire ainsi que l'attestent de nombreuses dédicaces aux divinités topiques, les "Mères Glaniques" et le dieu Glan. La cité indigène, ouverte au IIème siècle avant J.-C. aux influences helléniques, fut sous la domination romaine, à l'époque d'AUGUSTE, entièrement reconstruite et dotée de monuments publics considérables (forum, temples, basilique, thermes), puis détruite et abandonnée vers le milieu du IIIème siècle.

Cet immense chantier se visite du nord au sud, en suivant la pente montante du terrain.

Au nord, une rue à égout axial recouvert de dalles sépare la quartier bas qui comprend plusieurs habitations privées et une installation thermale. Au nord-ouest, les maisons s'ouvrent sur la rue. Les plus anciennes sont construites en grands blocs appareillés, les plus récentes, en moellons irréguliers. Elles ont été occupées du IIème siècle avant J.-C. jusqu'au IIIème siècle après J.-C. La Maison "des Antes" doit son nom aux pilastres flanquant l'entrée. Son plan très simple, qui organise les pièces autour d'une cour centrale à quatre portiques, est semblable à celui des maisons de DELOS. A côté, la Maison dite de Cybèle et d'Atys a subi dans son plan l'influence de la maison campanienne et italique, avec atrium et péristyle. Au nord-est, l'établissement thermal, de l'époque romaine, est un des plus anciens exemples connus avec celui de VAISON. Il est de petite taille mais rassemble salle froide (frigidarium), salle tiède (tepidarium), salle chaude (caldarium), piscine (natatio) et terrain d'exercices (palestra) bordés de portiques. Au nord et au sud-ouest des Thermes, la Maison d'Epona et la Maison du Capricorne ont été arasées au moment de l'implantation des monuments romains.

73

Détails des colonnes et chapiteaux de la maison des Antes.

Dans la partie centrale du site, on rencontre les vestiges de divers monuments d'usage collectif élevés à l'époque d'AUGUSTE après destruction d'édifices publics et privés plus anciens et nivellement du sol par des milliers de tonnes de remblais afin de constituer une vaste esplanade horizontale. La grande place du forum est bordée de portiques à l'est et à l'ouest. Au fond de la cour, la basilique et, accolée au nord, deux salles qui servaient de lieu de réunions aux sénateurs et aux magistrats (la Curie). Au sud, une plateforme dallée, une fontaine monumentale, un portique dorique et un monument à colonnes occupent, en partie, une place triangulaire. Proche du forum, un ensemble culturel formé de deux temples et de leur péribole, galeries et portiques exhaussés qui les enchâssent sur trois axes. Deux portraits en marbre d'Octavie et de Livie, sœur et épouse d'AUGUSTE, ont été découverts dans le puits en avant des temples.

Au-dessous du forum et de ses abords, les constructions anciennes ont été retrouvées, dont quatre édifices de fonction indéterminée (un édifice oblong, une exèdre, un édifice à chambre double et une construction ronde). Pour le reste, il s'agit d'habitations privées munies d'une cour intérieure (Maison à péristyle, Maison de Sulla, Maison aux alcôves, au plan de type hellénistique), et d'édifices publics : un temple, une cour trapézoïdale dallée, entourée de portiques, et un local d'assemblées (bouleuterion) de type bien connu en milieu grec avec une salle à gradins et une salle annexe. Des effigies de personnages accroupis ont été découvertes à proximité.

Un passage fortifié, avec porte et poterne, donne accès au secteur sud. Un bassin profond, en grand appareil préromain, marque l'emplacement de la source, à l'origine des cultes indigènes. A droite, le sanctuaire d'Hercule, à gauche, un temple dédié par AGRIPPA à la déesse de la santé, Valetudo, en 20 avant J.-C. En face, un escalier monte dans la colline où se trouvait le GLANUM protohistorique.

Vue générale de la partie sud des fouilles.

*Vestige du sanctuaire
d'Hercule.*

*Nymphée : ce bassin marque
l'emplacement de la source.*

Les BAUX

*Vue d'ensemble
du site.*

La plaine cultivée où la végétation séduit par son abondance s'estompe, et le pays baussenc apparaît dans un étrange chaos de pierre tendre. Perchée sur un éperon rocheux bordé de ravins à pic, à l'extrémité orientale des Alpilles, la cité des BAUX surplombe magnifiquement la plaine de la Crau.

Le Val d'Enfer au nord et ses impressionnants éboulis de roches déchiquetées par l'érosion aurait, selon la légende, inspiré DANTE pour l'"Enfer" de sa Divine Comédie. Certaines des carrières qui évident la falaise ont été aménagées. La Cathédrale d'Images, création originale d'Albert PLECY, présente chaque année un spectacle unique, visuel et sonore, qui fait entrer le spectateur dans le monde fascinant de l'image projetée sur les parois abruptes de ces immenses salles souterraines.

Ce décor grandiose et fantastique fut celui du Testament d'Orphée, film tourné par Jean COCTEAU en 1959.

Au sortir de ce site tourmenté, le Vallon de la Fontaine à l'ouest offre un paysage de verdure. La qualité de ses établissements hôteliers en fait un lieu réputé de la gastronomie française. On y découvre, à l'angle d'un jardin aujourd'hui public, le Pavillon de la reine JEANNE, petit kiosque Renaissance construit en 1581 pour Jeanne DE QUINQUERAN, baronne des BAUX, et que MISTRAL fit copier pour son monument funéraire à MAILLANE.

De là, un sentier qui monte vers l'oppidum de COSTAPERA permet d'atteindre le Trou des Fées, l'une des nombreuses grottes baussenques, la plus spectaculaire, abri de Tavèn, sorcière imaginée par MISTRAL dans le beau poème provençal "Mireille".

Tout évoque aux BAUX un passé prestigieux, une puissance disparue.

L'occupation du site remonte au troisième millénaire, mais c'est au Moyen Age, en attachant son nom à l'une des plus puissantes familles seigneuriales du Midi durant cinq siècles, que la cité des BAUX a pris véritablement sa place dans l'histoire. Elle possédait alors 5000 habitants. Sous le règne de LOUIS XIII, la terre des BAUX, érigée en marquisat, fut donnée aux GRIMALDI de MONACO qui la conservèrent jusqu'à la Révolution mais en portent toujours le titre.

Les ruines imposantes du château féodal et de ses multiples dépendances qui constituent la cité morte couronnent un des plus beaux ensembles urbains Renaissance. Très restauré et presque intégralement classé monument historique, le vieux village renaît après trois siècles d'oubli. De nombreux commerçants, artisans et artistes s'y sont implantés.

Jadis, la Porte Eyguière (ou Porte de l'eau) était la seule entrée de la ville. Aujourd'hui on y pénètre par la rue Porte Mage, ouverte en 1866 par une brèche faite dans la Maison du Roy. La percée n'a pas porté atteinte à deux cheminées superposées qui, suspendues dans le vide, s'offrent librement aux regards.

Vues sur le Vallon de La Fontaine ↑
depuis LES BAUX. ↓

→
Double page suivante :
vue générale du plateau, avec au premier plan, le monument
élevé à la mémoire du poète provençal Charloun RIEU.

Vue sur les falaises à pic et le château.

DEPUIS LE PLATEAU :

Vue générale sur la plaine et le massif des Alpilles.

Dans le village : la rue de l'Eglise.

Dans la ville morte : la Tour Sarrasine.

→
Page suivante : *vue sur les
ruines du château.*

De nombreux musées contribuent à créer une animation permanente. Place Fortin, l'ancienne chapelle du XVIème siècle, accueille un Musée des Santons. Dans la Grand'Rue, bordée de demeures des XIVème, XVème et XVIème siècles édifiées sur des caves creusées dans la roche, l'hôtel Jean de BRION est le siège de la Fondation "Louis Jou" (un des plus grands graveurs et typographes de notre siècle). A quelques pas, le superbe hôtel Renaissance, bâti en 1571 pour Claude de MANVILLE, abrite la mairie et un très intéressant musée iconographique consacré à l'histoire des BAUX et à l'industrie de la bauxite qui doit son nom à la cité. Dans l'hôtel des Porcelets (1569), a été installé un musée d'art contemporain.

Sur la place Saint-Vincent qui domine le Vallon de la Fontaine, se trouve la chapelle des Pénitents Blancs (XVIIème siècle), décorée de scènes pastorales dues au peintre contemporain Yves BRAYER. A l'est, l'église Saint-Vincent (XIIème/XVIIème siècles) est en partie taillée dans le roc. La nuit de Noël, on y célèbre encore la fête du pastrage ou fête des bergers :

l'offrande à Dieu d'un agneau placé dans une charrette tirée par un bélier attire une foule considérable.

Fouetté par le souffle puissant du mistral, le "plan" du château offre un panorama exceptionnel qui s'étend de la Camargue à l'étang de Berre. Au sud, se dresse le monument élevé à la mémoire du félibre Charles RIEU (1848 - 1924), auteur de chansons provençales. A l'extrémité nord du plateau, dominent les vestiges du château et de son donjon, détruits depuis le XVIIème siècle. Entre la Tour Sarrasine et la Tour Paravelle, le sentier longe les ruines des anciens communs et de la chapelle castrale Sainte-Catherine. L'ancien Columbarium, avec ses alvéoles creusées dans la pierre, laisse une ultime image de la cité.

CULTURE de la VIGNE et des OLIVIERS

Branches d'olivier.

Vignes et oliviers se rencontrent en alternance sur les flancs des Alpilles. Les plantations de la vallée des BAUX, irriguée et verdoyante, comptent parmi les plus belles de la région.

La route du vin des Alpilles est indiquée par des panneaux reconnaissables à la grappe de vigne qui les orne. Les "coteaux des BAUX-de-PROVENCE" font partie des vins d'appellation d'origine contrôlée (A.O.C.) qui regroupent les meilleurs crus de France. Ils sont produits sur les communes des BAUX-de-PROVENCE, MOURIES, EYGALIERES, EL PARADOU, MAUSSANE-les-ALPILLES, FONTVIEILLE, SAINT-ETIENNE-du-GRES et SAINT-REMY-de-PROVENCE. Neuf domaines ont droit à cette appellation, dont deux pratiquent la culture biologique. La récolte est vinifiée surtout en rouge, mais aussi en rosé et en blanc (sec et fruité).

L'oliveraie occupe une place importante dans le paysage. Connue dans cette région dès l'Antiquité, la culture de l'olivier est une activité traditionnelle de la Provence, et le symbole du paysage méditerranéen.

Au pied des Alpilles, MAUSSANE et MOURIES doivent leur renommée à leur huile d'olive. Un seul moulin (sur une dizaine à la fin du XIXème siècle) est encore en activité à MAUSSANE. Avec deux moulins, le moulin coopératif et le moulin moderne (équipé d'une presse hydraulique), MOURIES est la première commune oléïcole de France. Tous les ans, l'avant-dernier dimanche de septembre, s'y déroule la fête des olives vertes et de l'huile d'olive.

Vertes au départ, les olives deviennent noires à leur maturité. Leur rammassage se fait à la main, en général de novembre à janvier. En Provence, 5 kg. d'olives sont nécessaires pour produire un litre d'huile. La visite des moulins permettra de suivre les diverses étapes de fabrication de l'huile.

La confiserie d'olives est une spécialité réputée du pays. A savourer : les olives à la picholine (olives vertes débarrassées de leur amertume) et les olives vertes cassées et aromatisées au fenouil et au coriandre, préparées avec la salonenque, une petite olive très goûteuse.

Le vignoble.

AU PIED DU MASSIF DES ALPILLES.

Une oliveraie.

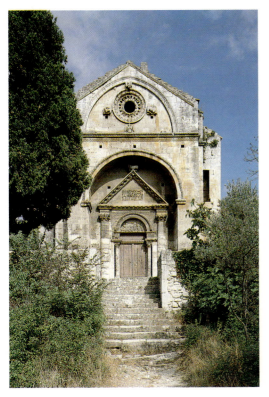

La façade ouest.

Le MOULIN à vent de DAUDET.

CHAPELLE SAINT-GABRIEL

Isolée en pleine campagne, à l'ouest de la chaîne des Alpilles, la chapelle Saint-Gabriel apparaît dans un paysage d'olivettes, de pins et de cyprès. Elle fut bâtie au XIIème siècle sur l'emplacement de l'antique site d'Ernaginum.

La chapelle est couverte de dalles de pierres plates et épaulée de puissants contreforts. Un porche à arcade précède le portail. Sous un arc en plein cintre, les symboles des quatre Evangélistes entourent un oculus, support d'une riche grammaire décorative. Deux demi-colonnes engagées, à chapiteaux corinthiens, encadrent la porte et soutiennent un fronton triangulaire. Les bas-reliefs du fronton et du tympan illustrent des scènes de l'Ancien et du Nouveau Testament : Annonciation, Visitation, Daniel dans la fosse aux lions, Adam et Eve.

Caractéristique de l'art roman provençal par sa simplicité architecturale, elle se singularise par cette richesse du décor de façade assez rare dans les églises rurales de la Provence romane.

MOULIN de DAUDET

A la porte de la vallée des BAUX, FONT-VIEILLE incruste ses maisons dans la masse du rocher, troué de puits et de galeries souterraines, qui forme son assise. Au sud du village, une magnifique allée de pins centenaires mène à l'ancien moulin "à vent et à farine" célébré par DAUDET et dont la pièce du bas, a été aménagée par la Société des Amis des Moulins d'Alphonse DAUDET en un musée consacré au poète.

C'est en ces lieux que l'écrivain a placé l'histoire de Blanquette le chèvre de Monsieur SEGUIN. Le berger Jean SEGUIN (1835 - 1912) a vraiment existé et conduisait son troupeau paître sur la colline, en empruntant les sentiers bordés de pierres sèches où aimait se promener DAUDET.

"Ce coin de roche qui m'était une patrie et dont on retrouve la trace (êtres ou endroits) dans presque tous mes livres" est aujourd'hui un des sites les plus visités de la Provence.

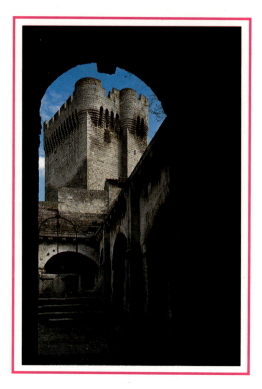

ABBAYE
de
MONTMAJOUR

La tour de l'Abbé vue à travers les arcades du cloître.

Entre FONTVIEILLE et ARLES, l'imposante abbaye de MONTMAJOUR, à demi ruinée, dresse sa tour crénelée et son architecture polygonale sur une colline entourée de rizières, jadis une île au milieu des marais.

C'est sur une nécropole chrétienne, comparable à celle des Alyscamps d'ARLES, qu'elle fut établie au Xème par les moines bénédictins. Un "pardon" institué en 1030, le jour de l'Invention de la Sainte Croix, contribua à accroître le renom et la richesse de l'abbaye. En pleine décadence au XVIIème siècle, elle fut relevée au siècle suivant par les moines réformés de SAINT-MAUR. Mais en 1786, compromis dans l'affaire du collier de la Reine, son abbé commendataire, le cardinal de ROHAN, démissionna et LOUIS XVI prononça la suppression de l'abbaye. Rachetée par l'Etat, elle a été restaurée peu à peu, et abrite de nos jours les expositions du Centre d'Incitation à la Création Artistique.

La chapelle Saint-Pierre, en partie souterraine et de dimensions réduites, est le premier sanctuaire de l'abbaye.

L'église abbatiale Notre-Dame, rebâtie au XIIème siècle, reste l'une des plus belles réalisations romanes. Exceptionnelle en Provence par la complexité de son plan, elle comprend une église haute, demeurée inachevée, et une église basse, à moitié excavée.

Les doubleaux des voûtes en plein cintre du très beau cloître roman (fin XIIème - début XIIIème siècle) retombent sur des consoles ornées d'un bestiaire fantastique et symbolique. A l'intérieur de grands arcs surbaissés, les arcades reposent sur des colonnettes doubles dont beaucoup de chapiteaux sont historiés.

Des bâtiments conventuels, seuls subsistent la salle capitulaire (à l'est), taillée dans le rocher, et le réfectoire (au sud).

La tour à bossages et à mâchicoulis fut élevée par l'abbé PONS de l'Orme en 1369.

Remarquable par la pureté de ses lignes et l'équilibre de ses volumes, la chapelle Sainte-Croix (fin XIIème siècle) est entourée de tombes creusées dans le roc.

Le réfectoire des moines et la tour donjon de l'Abbé.

Les galeries du cloître (fin XIIème siècle) à colonnes géminées.

→
Page suivante : *façade de la chapelle Sainte-Croix (XIIèmesiècle) et les tombes creusées à même le rocher.*

ARLES

*La capitale romaine
baignée par le Rhône.*

"Oh! Toi qui as été - Tout ce que l'on peut être - La métropole d'un empire - La capitale d'un royaume - Et la matrone de la liberté..." Ainsi Frédéric MISTRAL, dans son discours aux Arlésiens, résumait la riche histoire d'ARLES.

Aujourd'hui ARLES est la commune la plus étendue de France avec un terroir de 77 000 ha qui couvre presque toute la Camargue et la Crau. La capitale du riz est aussi un lieu de séjour des touristes du monde entier.

La ville est particulièrement animée durant la période estivale et les fêtes sont nombreuses : "pegoulado", fête du costume, course à la cocarde d'or, fête des Prémices du riz, fête des Vendanges, fête de la Confrérie des Gardians. ARLES, possède un festival annuel et depuis quelques années, ses Rencontres internationales de photographie attirent des participants toujours plus nombreux.

Sur la place de la République, s'élève l'église Saint-Trophime, chef-d'œuvre de l'art roman provençal. Le porche, construit vers 1170, est consacré au Jugement Dernier. Le tympan représente le Christ Triomphant entouré des symboles des quatre Evangélistes. Les douze apôtres sont assis à ses pieds, sur le linteau qui se prolonge, de chaque côté du portail, par une frise : à gauche, la procession des élus ; à droite, les damnés nus et enchaînés sont entraînés par les démons vers l'Enfer. Au-dessous, neuf grandes statues des saints majeurs de l'église sont placées entre des pilastres décorés de rinceaux.

Sa nef immense s'élève à 20 m. Plusieurs tapisseries d'AUBUSSON ornent les parties supérieures. Outre des toiles de FINSONIUS (1614), l'église renferme trois beaux sarcophages paléochrétiens.

Par l'archevêché, dont la cour permet d'admirer l'extérieur de la nef et le clocher massif et dépouillé, on accède au cloître de Saint-Trophime, remarquable par la diversité et par la profusion de sa décoration sculptée. Aux galeries nord et est romanes (XIIème siècle), voûtées en berceau en plein cintre, répondent les galeries sud et ouest gothiques (fin XIIIème-XIVème siècle), voûtées sur croisée d'ogives. Les piliers ornés de grandes statues et de bas-reliefs, et les chapiteaux historiés qui surmontent de fines colonnes jumelées, font de ce cloître l'une des plus belles réussites de la sculpture romane. Les scènes de l'Ancien et du Nouveau Testament côtoient les légendes provençales dont le "Roman de Saint Trophime", poème du XIIIème siècle. Trois salles romanes, restaurées, sont réservées à des expositions et accueillent chaque année le Salon International des Santonniers (début décembre - début janvier).

La rue du Cloître donne sur le Théâtre antique, érigé dans les premières années du règne d'AUGUSTE. Il pouvait contenir 12 000 spec-

91

Le cloître.

*Pilier nord-ouest du cloître,
statue de Saint Trophime.*

Le chevet de l'église Saint-Trophime.

tateurs. Son dégagement au XVIIème siècle a permis la découverte de la Vénus d'ARLES, offerte à LOUIS XIV pour VERSAILLES et aujourd'hui au musée du Louvre. Il est le cadre du Festival d'ARLES qui se déroule au cours de la première quinzaine de juillet.

L'amphithéâtre, un des plus grands et des plus anciens du monde antique date probablement de l'époque flavienne. De forme elliptique, il mesure 136 m sur 107 m. Quatre séries de gradins coupés verticalement par des escaliers permettaient d'accueillir plus de 20 000 spectateurs. Pilastres doriques et colonnes corinthiennes composent sa décoration extérieure. Contrairement aux arènes de NIMES, l'attique ici a disparu. Une particularité : d'énormes dalles couvrent sa galerie extérieure (influence grecque). A Pâques pour la Féria, et pendant le Festival s'y déroulent des corridas et des courses de taureaux. Du haut des arènes, la vue embrasse le Rhône, la Camargue, les Alpilles et la Crau.

Au bord du Rhône se dressent les Thermes de Constantin, surnommés Palais de la Trouille

(du latin "trullus", édifice circulaire). Une grande partie des bâtiments a disparu mais il reste encore une abside semi-circulaire voûtée en cul-de-four, faite d'assises alternées de pierre et de brique, où se trouvait une piscine.

De nombreux musées offrent leurs richesses aux visiteurs.

Le musée Réattu (ancien Grand Prieuré de Malte) porte le nom du peintre arlésien Jacques REATTU (1760 - 1833) dont il abrite le legs. Il renferme des œuvres des XVIIème et XVIIIème siècles d'ateliers arlésiens, un fond de peinture ancienne et d'art contemporain (dont 57 dessins offerts à la Ville par PICASSO) et comprend, en outre, une section d'art photographique.

Le musée lapidaire d'art païen (place de la République) occupe l'ancienne église Sainte-Anne. Il possède l'essentiel des vestiges découverts depuis le XIXème siècle sur le territoire d'ARLES, en particulier un important ensemble de mosaïques et de sculptures (surtout des sarcophages).

Créé par Frédéric MISTRAL en 1896, le Museon Arlaten (42, rue de la République) est

Sarcophage du passage de la Mer Rouge (fin IVème siècle).

installé depuis 1909, grâce au bénéfice de son prix Nobel de littérature, dans l'hôtel de Laval-Castellane (début XVIème siècle), ancien Collège des Jésuites. Musée d'ethnographie régionale, il est consacré à la vie, à l'activité et à l'histoire du pays d'ARLES.

La musée lapidaire chrétien, situé dans l'ancienne chapelle du Collège construite par les Jésuites au XVIIème siècle, permet d'admirer une très belle collection de sarcophages (la deuxième après le musée du Vatican) provenant des Alyscamps et de Saint-Genès, les deux nécropoles paléochrétiennes d'ARLES.

Le musée donne accès aux Cryptoportiques (entre les places actuelles du Forum et de la République) dont les galeries souterraines en forme de U entouraient le forum romain.

Par le boulevard des Lices, agréable promenade qu'encadrent le Jardin d'Hiver et le Jardin d'Eté, on gagne les Alyscamps, la célèbre nécropole chrétienne peinte par VAN GOGH et par GAUGUIN. Au bout de la longue allée bordée de tombeaux, ombragée par des peupliers et des cyprès, s'élève l'église romane Saint-Honorat, dominée par sa belle tour octogonale qui faisait office de lanterne des morts. En dépit des multiples amputations qu'elle a subies au cours des siècles, elle reste un lieu sacré et émouvant.

Sarcophage paléochrétien (IVème siècle).

*Les deux étages d'arcades et les vestiges d'une tour de défense
rajoutée au XIIème siècle.*

LES ARENES.

Les gradins et les arcades du deuxième étage.

←
Double page précédente :
l'allée des Sarcophages.

Les Alyscamps.

Le théâtre antique : les seuls vestiges du mur de scène.

98

La façade ouest de l'église.

SAINT-GILLES

Située entre ARLES et NIMES, la ville de SAINT-GILLES fut fondée au VIIème siècle par un ermite grec ; AEGIDIUS (GILLES), et devint au Moyen Age un des plus importants centres de pèlerinage de la Chrétienté. De nos jours, touristes et pèlerins viennent du monde entier admirer son abbatiale du XIIème siècle dont la façade à trois portails sculptés, d'une grande richesse iconographique, est une œuvre capitale du Languedoc roman. La plus vaste crypte de France renferme le sarcophage du saint, redécouvert en 1865 et lieu d'un pèlerinage annuel (le 29 août), repris depuis 1965. Dans le mur nord de l'ancien chœur, l'escalier hélicoïdal dit "Vis de SAINT-GILLES" est une étape pour les tailleurs de pierre Compagnons du Tour de France. Enfin, une visite à ne pas manquer, celle de la Maison Romane, restaurée et transformée en un passionnant musée (archéologie, ornithologie, ethnologie).

Détail de la frise (partie gauche et centrale) qui retrace les événements de la semaine sainte.

*Le chenal
maritime et la
Tour de Constance.*

AIGUES-
MORTES

A l'ouest du Petit-Rhône, s'étend la Camargue d'AIGUES-MORTES, dont le nom signifie "eaux mortes".

AIGUES-MORTES n'est qu'un petit bourg relié à la Méditerranée par un étroit passage (le grau) quand SAINT-LOUIS l'acquiert, en 1240, auprès des moines de l'abbaye de Psalmody. Il en fera le point d'embarquement des septième (1248-54) et huitième (1270) croisades. Défendu par la Tour de Constance, à la fois phare et vigie, le port devient rapidement prospère et les habitants jouissent de nombreux privilèges. Une enceinte fortifiée, commencée sous SAINT-LOUIS et achevée par son fils, PHILIPPE III dit Le Hardi, enserre la ville dans un quadrilatère. L'ensablement progressif au XIVème siècle joint à la création du port de SETE, trois siècles plus tard, contribue à son déclin au XVIIIème siècle.

Les remparts, très homogènes, parfaitement conservés, sont un chef-d'œuvre d'architecture militaire du XIIIème siècle. Construits avec les pierres des carrières de BEAUCAIRE et des BAUX, couronnés par un chemin de ronde dallé (que l'on peut parcourir), ils sont percés de dix portes (plus nombreuses au sud où se trouvaient les quais d'embarquement) et flanqués de cinq tours : Tours des Bourguignons et de la Poudrière au sud, Tours de Villeneuve, de la Mèche et du Sel au nord.

La Tour des Bourguignons rappelle un épisode de la Guerre de Cent Ans : en 1421, les Bourguignons, maîtres de la ville, furent assiégés par les Armagnacs et massacrés en si grand nombre que les cadavres furent entassés dans cette tour (d'où son nom) et recouverts de sel pour éviter la pestilence. De là viendrait l'expression "Bourguignon salé". La Tour de la Mèche, quant à elle, doit son nom à la mèche qu'on gardait en parmanence allumée pour l'usage des armes à feu.

A l'angle nord-ouest, la Tour de Constance, à l'origine tour du roi, puissante tour circulaire reliée depuis le XVIème siècle aux remparts par un pont, servait de prison d'Etat, pour les Templiers puis pour les Huguenotes : sur la margelle du puits central de la salle supérieure, on peut lire le fameux "résister" gravé par Marie DURAND qui y fut enfermée 38 ans. Du sommet de la tourelle de guet, on domine la ville aux rues tirées à angles droits ; la vue embrasse la plaine et les étangs, les canaux et les salins, à l'horizon, la mer.

*Remparts sud-est : la porte
des Cordeliers.*

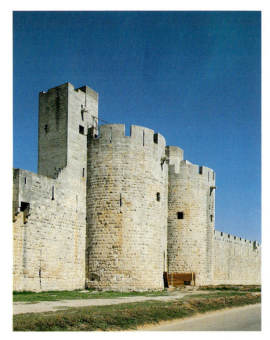

*Remparts sud-est : la porte
de la Reine.*

Le fossé qui entourait et protégeait l'enceinte est aujourd'hui comblé.

Au sud de la ville, s'étale à parte de vue le domaine des salins d'AIGUES-MORTES (10 000 ha), le second grand salin exploité en Camargue avec le salin de GIRAUD. On y traite le sel alimentaire. La visite des marais salants est organisée en juillet et en août.

Autour des salines, les vignobles des sables, entrecoupés de champs d'asperges, produisent des vins de grande qualité. Ils sont exploités par les Domaines viticoles des Salins du Midi, un des plus grands propriétaires fonciers du littoral.

Le festival de théâtre d'AIGUES-MORTES est un des plus anciens de la région.

→
Double page suivante : *enfilade des
remparts sud-est.*

La Tour de la Poudrière à l'angle des remparts sud-ouest et sud-est.

Le GRAU-du-ROI

Perspective sur le chenal maritime et le port de pêche.

Ancien village de pêcheurs, le GRAU-du-ROI, dont les habitants s'appellent les Graulens, se situe au débouché du chenal maritime d'AIGUES-MORTES. Un beau littoral, avec à l'infini des plages de sable fin, en fait une station balnéaire très fréquentée, une zone de loisirs (parc d'attractions) et de tourisme très appréciée, particulièrement animée durant la période estivale (fête de la mer, tauromachie, joutes nautiques).

A quelques kilomètres au nord-ouest, entre l'ETANG d'Or et l'ETANG du PONANT, se dressent les pyramides de LA GRANDE-MOTTE, une des réalisations du plan d'aménagement du littoral Languedoc-Roussillon. Créé en 1965 par l'architecte Jean BALLADUR, ce vaste ensemble peut accueillir des milliers de résidents. 70 ha ont été reboisés en pins et tamaris.

Au sud-est du GRAU-du-ROI, près de la pointe de l'ESPIGUETTE (camp naturiste), l'architecture de PORT-CAMARGUE, créé depuis 1969 à l'instigation de la Chambre de Commerce et d'Industrie de NIMES, a été réalisée par le même architecte. Les plans d'eau (70 ha) occupent près de la moitié de la superficie de ce complexe touristique et sportif (écoles de voile et de croisière, tennis, équitation). Le port de plaisance, le plus grand du littoral avec 3 000 postes à quai, comporte des bassins d'escale et d'hivernage. Les villages résidentiels sont séparés par des espaces verts et boisés. Au milieu des bassins, les marinas constituent des presqu'îles.

Joute nautique sur le chenal maritime.

Le GRAU-du-ROI : le port de plaisance et le chantier de réparation maritime.

Les SAINTES-MARIES-de-la-MER

Si le malheur vous accable - courez, courez aux SAINTES, vous aurez tôt du soulagement !". Se souvenant du conseil de Vincent, Mireille, la touchante héroïne de MISTRAL, desespérée de ne pouvoir s'unir à son amoureux, quitte la maison paternelle pour chercher soutien près des saintes patronnes. Frappée d'insolation, épuisée par sa longue course, elle meurt à l'arrivée.

Sur la place Mireille, une statue réalisée en 1920 par MERCIE rappelle ce célèbre poème.

Capitale de la Camargue, ajourd'hui en bordure de la mer alors qu'elles se trouvaient au XVIIème siècle à 2 km du rivage, les SAINTES-MARIES-de-la-MER (Li Santo) attirent chaque année une foule considérable de pèlerins et de curieux. Ce rassemblement traditionnel est né d'une légende : quelques uns des plus fervents disciples du Christ, contraints par les Juifs à monter sur un navire "sans voile et sans cordage" furent livrés à la merci des flots ; la Providence les fit échouer à l'extrémité de l'île de la Camargue (vers l'ean 44-45) d'où ils partirent convertir les peuples de la région. MARIE-JACOBE, sœur de la Vierge, MARIE-SALOME, mère des apôtres Jacques le MAJEUR et Jean l'EVANGELISTE, et SARA, la servante noire, demeurèrent en Camargue et bâtirent un autel en action de grâce.

L'église Notre-Dame-de-la-Mer, élevée sur cet emplacement à la fin du XIIème siècle, fut fortifiée aux XIVème et XVème siècles et dotée d'un chemin de ronde, d'un clocher peigne et d'une chapelle haute, à la fois tour de guet et amer, pour abriter les reliques des Saintes exhumées en présence du Roi RENE le 3 décembre 1448. De cette même époque date la crypte où sont conservées les reliques de SARA.

De sa terrasse crénelée on jouit d'une très belle vue sur le village, la mer et la Camargue.

Pour le pèlerinage annuel des Gitans, les 24 et 25 mai, caravanes et roulottes affluent de toute l'Europe. Le premier jour, les châsses des Saintes sont descendues de la chapelle haute

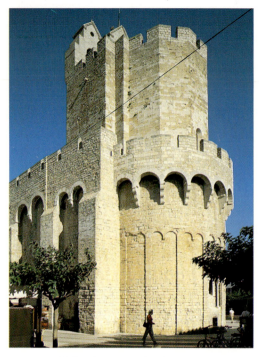

Eglise forteresse : le chevet est surmonté d'une chapelle haute (véritable donjon) et le chemin de ronde est crénelé.

dans le chœur de l'église, et les Gitans promènent la statue de SARA à travers la ville.

Le lendemain, après la grand'messe une immense procession très colorée rassemble gardians à cheval, Arlésiennes en costume, Gitans et Tziganes jusqu'à la mer où l'évêque bénit la barque des Saintes. Sur la plage et dans les rues,

chants et danses poursuivent la fête. Deux autres pèlerinages sont célébrés en octobrre et en décembre.

Depuis 1984, grâce à la construction de PORT-GARDIAN, les SAINTES-MARIES sont accessibles aux plaisanciers.

←
Double page précédente :
le port de plaisance aux SAINTES.

Un lever de soleil en bord de mer aux SAINTES.

La CAMARGUE

Le cheval camarguais.

A partir d'ARLES, l'immensité du delta formé par les deux bras du Rhône fait de la CAMARGUE la plus grance plaine provençale.

Terre mouvante, elle a, au cours des siècles, modifié son rivage sous l'action conjuguée du fleuve, du vent et de la mer. Le sud de la CAMARGUE actuelle s'est formé récemment, et l'avance du littoral se poursuit chaque année.

Créé en 1970 avec pour mission de protéger les espèces animales et végétales et préserver les paysages de ce site fragile, le Parc Naturel Régional de CAMARGUE couvre 85 000 ha et englobe la petite et la grande CAMARGUE. Les sentiers balisés par le parc permettent la découverte d'un milieu naturel exceptionnel, d'un univers sauvage et insolite. Au PONT de GAU, le centre d'information et d'animation de GINES propose une exposition permanente sur la flore et la faune camarguaises. Au Museon Camarguen, installé dans l'ancienne bergerie du mas du PONT de ROUSTY, le parc présente une exposition sur l'histoire de la CAMAR-

Au hasard des bords de routes ou en parc, le cheval camarguais.

Coucher de soleil sur l'étang de Vaccarès (Photo J.L. KLEIN).

GUE et associe à sa visite un parcours pédestre de 3,5 km : "le sentier de découverte des paysages d'un mas de CAMARGUE".

Les dunes côtières de la basse CAMARGUE, qui s'étendent d'AIGUES-MORTES à l'embouchure du Grand Rhône, isolent le territoire de la mer. C'est le domaine des sansouïres (vastes marécages) et des étangs saumâtres où poussent les salicornes. Les manades (troupeaux) de taureaux sauvages et de chevaux en semi-liberté vivent ensemble, surveillés par des gardians à cheval munis de leut trident (pour trier les bêtes). A l'est, la route qui longe le Grand Rhône en direction de la plage de FARAMAN, procure une vue superbe sur les collines blanches de sel (camelles) et sur le quadrillage des bassins d'évaporation du salin de GIRAUD (11 000 ha), le plus important salin de France.

Au cœur de la moyenne CAMARGUE, l'étang de VACCARES, inclus dans les 13 500 ha de la réserve zoologique et botanique créée en 1928, est le paradis des oiseaux, qu'ils s'y établissent ou qu'ils y transitent. Il est interdit d'y pénétrer mais des observatoires ont été aménagés sur les rives. Parmi les 350 espèces dénombrées par les ornithologues, citons les canards, cormorans, courlis, ibis, grues, aigrettes, hérons et avocettes. C'est également le seul lieu de reproduction en Europe des flamands roses. Les migrations des oiseaux sont étudiées à la station biologique de la Tour du Valat. Dans cette zone de marais et de grands étangs se développe une végétation de roseaux, d'enganes et de saladelles, petites fleurs rose violacé dites aussi "lavandes de mer". Emblèmes du gardian, les saladelles sont mises à l'honneur dans la plupart des manifestations et des jeux traditionnels de CAMARGUE. Les îlots des RIEGES, couverts de tamaris, de genévriers rouges de Phénicie et de chardons bleus, sont les derniers vestiges de la très dense végétation de l'ancienne CAMARGUE.

La haute CAMARGUE est la CAMARGUE agricole et pastorale (élevage d'ovins), terre des grandes propriétés. Les zones dessalées par des canaux de drainage ont permis les cultures du blé, de la vigne, de vergers, de légumes, de fourrages et surtout du riz (dès 1942), planté sur plusieurs milliers d'hectares. C'est également le centre de la CAMARGUE taurine.

Envol de flamants roses dans la réserve nationale de CAMARGUE (Photo J.L. KLEIN).

Gardian camarguais et son troupeau (Photo J.L. KLEIN).

SALON-
de-
PROVENCE

*Le château
de l'Empéri.*

Le nom de SALON-de-PROVENCE évoque surtout la base aérienne, centre d'entraînement de la Patrouille de France, et l'Ecole de l'Air, implantées depuis 1936. Cette ville, dont on ignore toujours la date de fondation, était au XVème siècle un important centre de commerce. Située à la limite de la Crau fertilisée par la création, au XVIème siècle, d'un canal dérivant les eaux de la Durance vers SALON, et qui porte le nom de son créateur, Adam de CRAPONNE, la ville connut son âge d'or au XIXème siècle grâce à ses oliviers (fabrication de l'huile d'olive et de savons durs). De nos jours, SALON est une ville-étape et de détente, une ville dynamique qui organise de nombreuses manifestations annuelles, entre autres la fête de la poésie (en mars), les Journées de NOSTRA-DAMUS (en mai), les festivals de jazz-rock, de musique classique et de fanfare, des reconstitutions historiques (en juillet), les Nuits Théâtrales de l'Empéri (août).

Cité fortifiée au Moyen Age, elle en a conservé la Porte du Bourg-Neuf, crénelée et austère, et une tour d'enceinte du XIIIème siècle.

Elevé sur un rocher à pic dominant la ville, le Château de l'Empéri (classé Monument Historique) est le plus ancien château-fort de Provence et l'un des trois plus grands avec ceux d'AVIGNON et de TARASCON. C'est l'ancienne résidence des archevêques d'ARLES, dont SALON fut le fief du IXème au XVIIIème siècle. La partie qui sépare la cour d'honneur de la cour de l'Empéri, et renferme la chapelle romane, est la plus ancienne (XIIème siècle). L'essentiel des bâtiments remonte au XIIIème siècle (reconstruction et embellissement). De cette époque date la haute tour de guet carrée qui surmonte l'entrée. La galerie sur arcades de la cour d'honneur, la salle d'honneur et la voûte d'ogives de la chapelle sont du XVIème siècle. En partie ruiné par le tremblement de terre de 1909, le château fut l'objet d'importants travaux de restauration. Ses vastes salles abritent un Musée d'Art et d'Histoire Militaires et présentent l'exceptionnelle collection Raoul et Jean BRUNON, consacrée à l'histoire de l'armée française de 1700 à 1918, que font revivre des personnages (à pied ou à cheval) vêtus d'uniformes et armés de pièces de l'époque.

Au cœur de la vieille ville (rénovée), la maison où NOSTRADAMUS vécut, de 1547 à sa mort en 1566, a été tranformée en un petit musée consacré à sa vie et à son œuvre. C'est à SALON qu'il publia, en 1558, l'édition complète de ses Centuries prophétiques (3 764 vers sous forme de quatrains). Son tombeau se trouve dans la collégiale Saint-Laurent (1344), au clocher mi-roman mi-gothique.

Place Crousillat, la grande fontaine du XVIIème siècle, recouverte de mousse, apparaît comme un énorme champignon. A découvrir également, l'église Saint-Michel (XIIIème siècle) et l'Hôtel de Ville, édifice classique du XVIIème siècle.

CHATEAU DE L'EMPERI.　　　Les tours de façade.　　　La cour d'honneur.

←
Page précédente : *la vieille ville vue du château.*

L'Hôtel de Ville (XVIIème siècle) avec ses deux tourelles d'angle.

AIX-en-PROVENCE

Le Cours Mirabeau.

A la croisée des routes du Rhône à l'Italie et de la mer aux Alpes, la ville d'AIX-en-PROVENCE exerce une forte puissance d'attraction. L'ancienne capitale de la Provence doit sa réputation de "ville où il fait bon vivre" à un cadre de vie exceptionnel.

AIX est d'abord un site, qu'il faut découvrir du haut du plateau d'Entremont (au nord), un riche bassin séparé au sud de MARSEILLE par la chaîne blanche de l'Etoile, et dominé vers l'est par la Montagne Sainte-Victoire, dont la silhouette massive, familière du paysage cézannien, reste indissociable du paysage aixois.

La présence d'abondantes sources d'eaux chaudes et froides est à l'origine de la ville et de sa dénomination : AQUAE SEXTIAE, "les eaux sextiennes", du nom du proconsul romain, Sextius CALVINUS, qui fonda la ville en 122 avant J.-C. au pied d'Entremont, après la destruction de cet oppidum, identifié comme la capitale de la confédération celto-ligure des Salyens. Déjà célèbres dans l'Antiquité, ces eaux font aujourd'hui de la ville une station thermale de renommée nationale.

De son passé de ville parlementaire des plus brillantes, AIX a conservé un cadre urbain, d'une grande homogénéité, mis en place de la fin du XVIème siècle à celle du XVIIIème siècle, un des plus riches ensembles architecturaux classique et baroque, que des visites commentées, organisées par l'Office du Tourisme, permettent de découvrir, en été, par quartiers. Son université, ses nombreux musées (Granet,

Arbaud, du Vieil Aix, des Tapisseries, ...) et son Festival International d'Art Lyrique et de Musique, connu de tous les mélomanes européens, maintiennent une vie intellectuelle et artistique intense. Ville d'art chargée d'histoire, ville touristique par excellence, AIX est aussi une ville de résidence et de congrès, le siège d'une Cour d'Appel et d'un Archevêché.

La ville nouvelle par laquelle on pénètre dans le Vieil AIX, délimité par une ceinture de boulevards et protégé depuis 1964 par la création d'un secteur sauvegardé, rappelle que la ville connut, au lendemain de la seconde guerre mondiale, l'une des plus fortes croissances françaises.

Officiellement baptisé Cours Mirabeau en 1876, le Cours d'Aix fut créé sur ordonnance du Parlement de Provence du 26 mai 1651. Centre vital de la cité, aujourd'hui haut lieu des manifestations populaires, il est un lieu de rencontres et de détente, animé en toutes saisons. Cette noble avenue est en effet la promenade favorite des Aixois, des étudiants et des touristes qui aiment à venir flâner sous les voûtes majestueuses de ses quatre rangées de platanes, qui remplacent depuis le XIXème siècle les ormeaux plantés en 1657. Cafés et brasseries, librairies, cinémas, banques et confiseurs (AIX est la ville du calisson, délicieux petit-four à base de pâte d'amande) occupent les rez-de-chaussée de somptueux hôtels des XVIIème et XVIIIè siècles qui bordent ses contre-allées.

La place du Général de Gaulle et sa fontaine.

→
La Tour de l'Horloge (ancien beffroi XVIème siècle).

Sur la rive nord, au n°19, dans la lignée des plus beaux hôtels d'AIX, l'hôtel d'Arbaud-Jouques (vers 1732) est un des plus vastes et des plus marquants, tant par sa façade, à la belle porte richement ornée de trophées d'armes, que par ses intérieurs : un escalier rehaussé de gyp-series conduit au premier étage, transformé en salon de thé, où l'on peut admirer un des plus complets décors du XVIIIème siècle existant à AIX. Sur l'autre rive du Cours, au n°38, l'hôtel Maurel de Pontevès (1647-1652) est tout aussi remarquable : l'ordonnance classique de la façade superpose les trois ordres antiques tandis que des atlantes colossaux, typiquement baroques, portent le balcon. A noter également le portique dorique monumental de l'hôtel de Villars (1710-1757), au n°4.

La fontaine d'eau thermale (1736) et la fontaine des Neuf-Canons (1698) jalonnent le Cours, dont les deux extrémités portent l'empreinte du XIXème siècle. Dans le haut du Cours, la fontaine du Roi René (1819-23) est dominée par la statue du bon roi (par David d'Angers) offrant une grappe de ce raisin muscat qu'il introduisit, dit-on, en Provence. L'entrée

du Cours est encadrée par deux groupes allégoriques dus au sculpteur aixois TRUPHEME (1833).

Au centre de la place dite "de la Rotonde" (place Général de Gaulle), aménagée à la fin du XVIIIème siècle dans le double but de doter AIX d'une entrée imposante et d'y faire converger les routes de Paris et de Marseille, se dresse la grande fontaine élevée en 1860, alimentée de nos jours par le canal de Provence. Elle est surmontée de trois statues représentant l'Agriculture (tournée vers MARSEILLE), les Beaux-Arts (vers AVIGNON) et la Justice (vers la ville).

Au sud du Cours, le tracé othogonal rigoureux du quartier Mazarin (1646-XVIIIème siècle) prolonge l'aboutissement au Cours des rues commerçantes, pittoresques et sinueuses de la partie nord de la vieille ville, où se trouve notamment la Tour de l'Horloge et l'Hôtel de Ville (1655-1671), dont l'escalier à double révolution donne accès à la Bibliothèque Méjanes (300 000 volumes), fondée en 1810 et célèbre par ses manuscrits et ses ouvrages d'art, ainsi qu'à la Fondation Saint-John Perse (1976).

FOS-sur-MER : le port de plaisance.

FOS-sur-MER - ETANG de BERRE

A l'ouest d'AIX-en-PROVENCE et au nord-ouest de MARSEILLE, la zone FOS - ETANG de BERRE est un des paysages industriels de la PROVENCE, une annexe du port autonome de MARSEILLE auquel elle est reliée par le canal souterrain du Rove, qui traverse la chaîne de l'Estaque.

Station balnéaire et port de plaisance, FOS-sur-MER est d'abord un important complexe industriel et portuaire. Cet ancien bourg de pêcheurs était déjà dans l'Antiquité un port d'escale, situé à l'embouchure du canal des Fosses Mariennes (dérivation du Grand Rhône reliant ARLES à la mer) creusé par l'armée de Marius dans les dernières années du IIème siècle avant J.-C. Le port antique a disparu. Il a été submergé. Le port moderne, créé entre 1965 et 1970 en bordure du golfe de FOS, est aujourd'hui aménagé sur 10 000 ha, ouvert au trafic fluvial du Rhône et raccordé au pipe-line sud-européen (782 km). Des industries de première transformation (sidérurgie, métallurgie, pétrole, chimie) s'y sont implantées. Les trois darses (bassins) du port peuvent recevoir des navires de fort tonnage (400 000 t) et accueillir pétroliers, méthaniers, minéraliers et porte-conteneurs. Centre d'expositions et d'information, le Centre de vie de "La Fossette" donne un bon aperçu des installations portuaires que l'on peut d'ailleurs visiter (visite guidée).

Les rives de l'ETANG de BERRE constituent un curieux paysage de torchères et d'énormes réservoirs, d'usines et de H.L.M. Ce vaste plan d'eau de 155 kilomètres carrés de superficie communique avec la mer Méditerranée par le canal de Caronte. Au débouché du canal dans le golfe de FOS, la cité industrielle de PORT-de-BOUC, et LAVERA, port pétrolier et premier site mondial de stockage géologique du gaz liquéfié.

MARTIGUES

Vue générale de MARTIGUES depuis la chaîne de l'Estaque.

A l'autre extrémité du canal, MARTIGUES, surnommée la "Venise provençale", réunit par des ponts ses trois quartiers séparés par des canaux. Cœur de la vieille ville, le quartier du Brescon avec l'anse du Miroir aux oiseaux, ses barques de pêche et ses façades colorées, le canal Saint-Sébastien et le quai des Anglais reste le lieu préféré des touristes.

Le Miroir aux Oiseaux.

Notre-Dame de la Garde.

MARSEILLE

MASSALIA (MARSEILLE) fut fondée vers 600 avant J.-C. par des navigateurs grecs venus de Phocée, cité d'Asie Mineure, débarqués dans la baie du Lacydon (le Vieux-Port), sur le territoire des Salyens. Selon la légende relatée par l'historien latin JUSTIN, elle serait née à la suite du mariage de Protis, le Phocéen, et de Gyptis, fille de Nann, roi de la tribu salyenne des Ségobriges.

Par sa situation exceptionnelle au débouché de la vallée du Rhône, MARSEILLE fut de tout temps une grande ville portuaire et de commerce, ouverte aux échanges maritimes internationaux. Elle est de nos jours le premier port français.

Dominant et protégeant la ville du haut de son piton rocheux, point de convergence de tous les regards, la Basilique Notre-Dame de la Garde, construite à la fin du XIXème siècle dans un style romano-byzantin, est dédiée à la Vierge. La "Bonne Mère" chère aux Marseillais est chaque année le but de deux pèlerinages, avec procession aux flambeaux (en mai et en août).

C'est de la colline de la Garde qu'il faut regarder MARSEILLE. La plus ancienne ville de France se déploie sur 23 000 ha.

Le Vieux-Port, superbe plan d'eau protégé par la pointe du Pharo, est resté jusqu'au milieu du XIXème siècle le seul port de MARSEILLE. L'entrée de la passe s'ouvre à l'ouest, entre les forts Saint-Jean et Saint-Nicolas (1660). Depuis la création, en 1976, d'un nouveau port de pêche dans l'anse de Saumaty, ses quais sont entièrement réservés aux bateaux de plaisance. Mais tous les matins s'y rejoignent des barques de pêcheurs : frais pêchés et aussitôt débarqués, les poissons, abondants et variés, sont vendus à la criée sur le quai des Belges.

De là partent les bateaux pour les îles du Frioul et le château d'If (1524). Cette ancienne prison d'Etat doit sa célébrité à Alexandre

Le Palais Longchamp.

Le quartier du Vieux-Port.

Bateaux de pêche à quai dans le Vieux-Port.

DUMAS qui y enferma les deux héros légendaires du "Comte de Monte-Cristo", Edmond Dantès et l'abbé Faria.

Sur la rive sud du Vieux-Port, la basilique fortifiée de Saint-Victor, un des premiers monastères de l'Occident, abrite dans ses cryptes des tombes de martyrs.

De la place aux Huiles (quai de Rive-Neuve), le ferry-boat, immortalisé par PAGNOL, traverse le port tous les quarts-d'heure, et aborde le quai nord en face de l'Hôtel de Ville (1653 - 1674), édifice baroque qu'encadrent les immeubles construits après la guerre par l'architecte Fernand POUILLON. Il faut explorer, à l'arrière, le pittoresque quartier du Panier, aux rues étroites et enchevêtrées, où se trouvent l'Hôtel-Dieu, la Vieille-Charité, la Maison Diamantée, le clocher des Accoules et la Major.

Ouverte sur le Vieux-Port depuis 1774, la Canebière (du provençal "canebe", chanvre) est le symbole de MARSEILLE. Hôtels, cafés, grands magasins, banques, agences de voyage, cinémas, bordent le grand boulevard, toujours animé et bruyant d'une foule bigarrée et cosmopolite. Au nord, le Jardin des Vestiges et le Musée d'Histoire de MARSEILLE, au rez-de-chaussée du centre commercial de La Bourse, le Cours Belzunce et la Porte d'Aix, la gare Saint-Charles(1848). Au sud, le quartier commerçant formé par les rues Paradis, Saint-Ferréol et de Rome, la grande avenue du Prado et ses quartiers résidentiels, la Cité Radieuse de LE COR-BUSIER et les espaces verts des Parcs Chanot et Borély. A l'est, le Palais Longchamp, château d'eau de le ville, fut réalisé par Henri ESPERANDIEU, de 1862 à 1869. Reliées par une double colonnade, ses deux ailes abritent le Musée d'Histoire Naturelle et le Musée des Beaux-Arts de MARSEILLE.

Les bassins artificiels du port moderne s'étalent sur 8 km de quais, entre la Joliette et l'Estaque, que prolonge le littoral de la Côte Bleue (la "Côte d'Azur" des Marseillais), parc régional marin depuis 1983.

A l'est de MARSEILLE, le Massif des Calanques offre un paysage unique : à partir du petit port de pêches des Goudes, Callelongue, Sormiou, Morgiou, Sugiton, En-Vau, falaises abruptes et criques profondes, de sable ou de galets, bordent la mer, qui en est l'accès le plus facile.

*LE MARCHE AUX POISSONS
DU VIEUX-PORT.*

→
Double page suivante :
*le Vieux-Port et ses bateaux
de plaisance.*

*LE RETOUR
DE LA PECHE.*

RECETTES

BOUILLABAISSE CLASSIQUE

8-10 pers. - Préparation : 20 minutes - Cuisson : 15 minutes - Marinade : 30 minutes.

4 kg. de poissons dont : 1,500 kg. de rascasse, 1 gros saint-Pierre, des vives, des poissons de roche, un morceau de congre / Quelques petites cigales de mer / Quelques grosses moules / 6 tomates coupées en deux et épépinées / 10 pommes de terre à chair ferme / 1 gros verre d'huile d'olive / 1 grosse pincée de safran / 1 branche de fenouil / Thym / Laurier / Sel, poivre / 8-10 gousses d'ail / Pain de campagne.

Nettoyer le poisson, l'écailler soigneusement, le vider (garder les foies de rascasses). Si possible le laver à l'eau de mer. Ecraser un peu avec un pilon les têtes des rascasses.

Mettre à mariner le poisson, ainsi que les cigales de mer avec l'huile, l'ail, les tomates et toutes les épices (sauf le sel) pendant 1 heure.

Couper les pommes de terre en rondelles épaisses. Les mettre avec le poisson. Mouiller d'eau juste à hauteur. Faire partir à feu aussi fort que possible pour obtenir une émulsion huile-eau. Arrêter la cuisson dès qu'une pointe de couteau traverse une rondelle de pomme de terre.

Mettre les moules sur le poisson, juste le temps de les ouvrir, pocher les foies.

Faire griller des tranches de pain de campagne et les servir avec le bouillon.

Les poissons et les pommes de terre seront servis dans une "faouque" en liège des Maures.

Servir avec une rouille. Les convives tranchront eux-mêmes le débat en en prenant ou non.

On peut servir, plutôt que la rouille, un bol de purée d'oursins pour tartiner les tranches de pain avant de les arroser de bouillon.

RATATOUILLE

Les Provençaux cataloguent à juste titre la ratatouille dans la cuisine niçoise et sont des inconditionnels de la bohémienne (seulement aubergines et tomates). Toutefois aujourd'hui les deux sont confondues. Jadis, les préparatifs étaient un véritable rite, le commencement étant le choix si délicat et si important des légumes. Les poivrons très charnus, les tomates fraîchement cueillies, les aubergines bien calibrées. Alors commençait l'épluchage des poivrons qu'il falleit faire griller à feu vif, seulement pour brûler la peau, mais cela sur toutes les faces, pour après les laver, enlever soigneusement les graines, les couper en lanières, les mettre sur une planche inclinée afin de les faire égoutter, puis commençait la préparation elle-même.

6 pers. - Préparation : 20 minutes - Cuisson : 1 heure.

1 kg. de poivrons jaunes / 1,500 kg. d'aubergines / 1,500 kg. de tomates / 500 g. d'oignons / Huile d'olive / Sel, poivre.

Cuire chaque légume séparément :
- les poivrons préparés en lanières étuvés à l'huile,
- les oignons émincés fondus à l'huile,
- les aubergines épluchées et coupées en rondelles, dorées à l'huile (il faut beaucoup d'huile que l'on rajoute au fur et à mesure) et bien égouttées,
- les tomates pelées, épépinées, cuites avec 2 cuillerées d'huile pendant 30 minutes.

Réunir tous les légumes. Saler, poivrer, cuire ensemble 30 minutes.

Si la ratatouille doit être consommée chaude, ajouter à ce moment-là 2 gousses d'ail coupées en lamelles très fines. Si elle doit être servie froide, ajouter après la cuisson ail et persil haché.

RECETTES DE Monique LANSARD.

de la bouillabaisse.

LES PRODUITS DE BASE :

de la ratatouille.

TABLE DES MATIERES

Crédit photographique : photos S.A.E.P./A. THIEBAUT
sauf page 127 : S.A.E.P./J.L. SYREN et pages 110 et 111 : J.L. KLEIN.

© S.A.E.P. Ingersheim 68000 Colmar - Dépôt légal 2e trimestre 1988 - Imp. n° 1 513

   Imprimé en C.E.E. - ISBN 2-7372-0920-X